Crédits couverture :
Titre : Valligraph Designs ©
Photo : Manuel Perret

© 2022 Fabre, Camille; Labo des Patrimoines
Édition : BoD – Books on Demand, info@bod.fr
Impression : BoD – Books on Demand,
In de Tarpen 42, Norderstedt (Allemagne)
Impression à la demande
ISBN : 978-2-3224-2303-3
Dépôt légal : Juin 2022

Tous les termes accompagnés d'un astérisque figurent au glossaire en fin du document.

Camille Fabre

Seigneurs & paysans
entre Auvergne et Gévaudan

Labo des patrimoines

7 bis, route du Bois-Joli
44690 Château-Thébaud
labodespatrimoines@gmail.com

Introduction

Pourquoi un château perché sur un rocher à mi-côteau d'une vallée étroite et encaissée, dominant un petit village de quelques habitants ? Les rares terres cultivables sont pentues et difficiles d'accès. La question se pose : pourquoi une seigneurie a-t-elle choisi de s'installer dans un tel endroit ?

Cette vallée est située, dans le département de la Haute-Loire, entre les communes de Langeac et de Saugues, dans la partie plus montagneuse, à l'ouest de la route qui relie ces deux villes. En partant de Langeac, le village de Meyronne se situe dans le premier contrefort avant d'atteindre les monts de la Margeride, dominés par le Mont Chauvet (1486 m.) et le Truc de la Garde (1486 m.), le Mont Mouchet (1497 m.). Il permet d'accéder au

---

Figure 1 : Département de la Haute-Loire

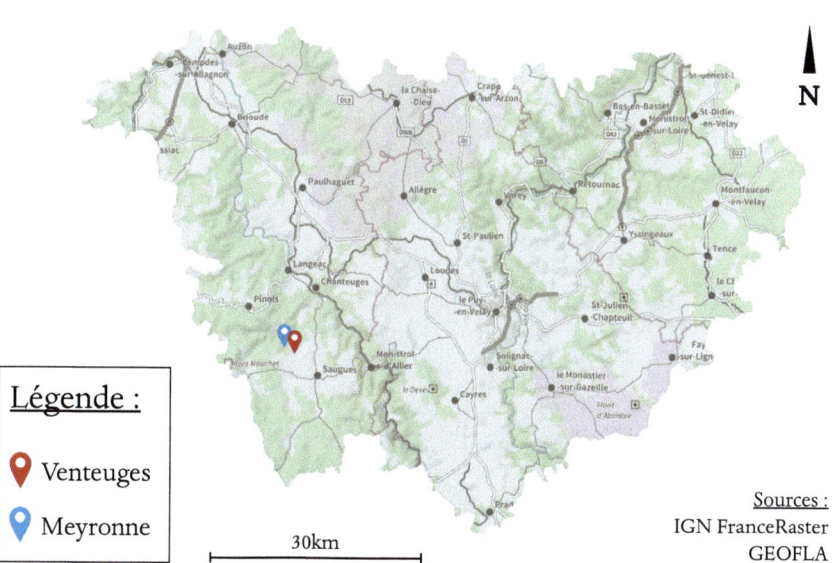

Légende :

🔴 Venteuges

🔵 Meyronne

30km

Sources :
IGN FranceRaster
GEOFLA

5

plateau de Saugues (900 à 1100 m. d'altitude), sur lequel se trouve la commune de Venteuges, dont dépend Meyronne.

Je me suis intéressée à la seigneurie de Meyronne en 1989, après le décès de mon père. Il y avait, dans une boîte, des papiers de famille, la plupart en mauvais état, et dont le plus ancien datait de 1592. En dépouillant ces documents, il est vite apparu que les ancêtres de ma famille payaient des redevances, c'est-à-dire un impôt censitaire* à la seigneurie de Meyronne. Le destin de mes ancêtres avait dépendu, pendant plusieurs siècles, de ce château aujourd'hui en ruine qui avait été le siège d'une seigneurie importante dans la région à cheval entre le Gévaudan et l'Auvergne.

Figure 2 : Meyronne, vue à partir du sentier allant de Venteuges à Meyronne

© Camille Fabre

Quelques années plus tard, Mestre, un collectionneur, qui détenait l'original du « Terrier de Meyronne »[1] m'en a fait une copie, ce dont je lui suis reconnaissante. De nos jours, un propriétaire dispose du cadastre pour avoir une connaissance précise de ses biens. Ce cadastre est remis à jour périodiquement. Dans les années 1570, les nobles, pour connaître leurs possessions et l'étendue de leur richesse, faisaient élaborer un terrier*, mis à jour périodiquement, ce qui fut le cas du seigneur de Meyronne, Antoine de Dorette. Terrier dans lequel j'ai retrouvé des traces de mes aïeux. Je me suis alors intéressée à l'histoire de la région. Le travail de transcription de ce document a comblé mes nuits d'insomnie et mes temps libres. Magistral document, ce terrier faisait encore référence à la veille de la Révolution Française, puisque Claude Béraud, dernier fermier* gestionnaire des terres de cette seigneurie, « *trouve ce terrier beaucoup mieux fait et plus complet que le dernier* ». Il estime qu'il faudrait privilégier son utilisation s'il était renouvelé[2].

Il est possible de lire ce document du côté des possédants : il s'agit d'un état des lieux de leurs possessions et des revenus, financiers et en nature, que cela leur procure. On peut aussi l'aborder sous un autre angle : que dit ce document sur la paysannerie et les structures agricoles de cette région à la fin du XVIe siècle ? Pouvait-il servir de document de référence afin d'analyser l'évolution de ces structures dans le temps ? Quelles relations entretenaient ces paysans avec le bâti et le foncier qu'ils exploitaient au point de les considérer comme l'ancrage de la famille qui a été désigné comme l'*oustal** au XIXe siècle ?

Il a servi de base de départ pour ce long travail de recherche. Il a été complété par les archives seigneuriales (justice et fiscalité, actes d'achat et de vente, aveu et dénombrement*), des archives familiales et les minutes notariales. Une bibliographie est proposée à la fin de l'ouvrage.

Je me suis particulièrement intéressé à l'étude de la paysannerie dans un cadre monarchique. Quelles relations entretenait-elle avec les autres

---

1   Noble Antoine de Dorette a passé commande de ce dossier à Jacques Langlade, notaire royal.

2   Mention écrite dans les premières pages du terrier de 1571-1573.

couches de la société ? Comment les différents corps de métier coexistaient et s'entraidaient ? Comment les couches les plus défavorisées de la population étaient-elles prises en considération ? Y avait-il des mécanismes de prise en charge des miséreux ?

À quel impératif obéissait la seigneurie dans sa recherche de croître, d'abord sur le plan local par des alliances matrimoniales puis, plus tardivement, en se fondant dans des ensembles plus vastes étant proche du pouvoir royal ? Gérées par de petits seigneurs terriens, ces terres sont devenues, au fil des siècles, les possessions d'une baronnie, celle du baron Thomas de Domangeville (XVIIIᵉ siècle).

Une raison supplémentaire, pour moi, de m'intéresser à cette seigneurie est la présence de Na Castelhoza, célèbre troubadoure du XIIIᵉ siècle, reconnue parmi les plus influentes. Si ses origines restent encore incertaines, comme nous le verrons, ne doit-on pas s'interroger sur les raisons qui ont amené une jeune femme lettrée à vivre à Meyronne ?

Nous nous attarderons peu sur la période médiévale ; elle est connue par les travaux de l'abbé Fabre[3]. Cet ouvrage est le fruit d'un travail de recherche mené depuis plusieurs années sur la période débutant au XVIᵉ. Comment ont évolué de façon concomitante cette seigneurie et les censitaires appartenant à ces terres ?

---

3   FABRE F. (abbé), *Les seigneurs de Meyronne près Saugues (Haute-Loire)*, Imprimerie Gustave Mey, Le Puy-en-Velay, 1902, 19 pages.

– 1 –

Une vallée
entre Auvergne et Gévaudan

Sous l'Ancien Régime, le sud de cette vallée faisait partie de la paroisse de Meyronne/Venteuges*. La partie nord dépend de la paroisse de Desges. À trois kilomètres de Venteuges, à l'ouest, descend un val profond et étroit, orienté sud-nord-est, aux pentes escarpées et au fond duquel murmure un petit ruisselet dénommé La Meyronne qui va se jeter dans le ruisseau : la Desges, affluent de l'Allier.

Figure 3 : Village de Meyronne

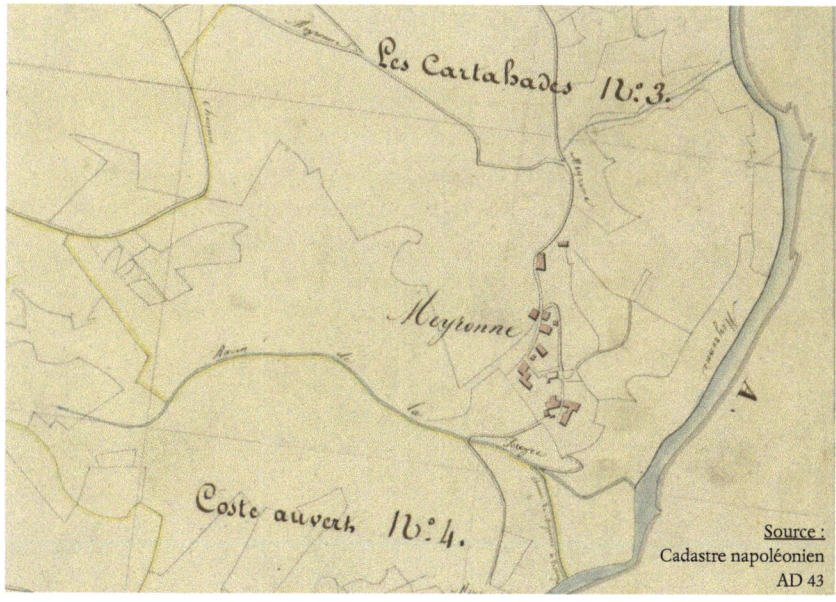

Source :
Cadastre napoléonien
AD 43

À l'intersection du ruisseau et du ravin de la Pereyre, à environ 850 mètres d'altitude, niché à flanc de l'adret, le village de Meyronne et son château s'éveillaient avec le soleil matinal. À l'automne, les couleurs vues du château étaient des plus flamboyantes : une mosaïque de couleurs composée où dominaient le vert des conifères, l'ocre, le rouge et le jaune de la hêtraie. Au fur et à mesure, la saison s'avançant, la pourpre cédait au gris-vert jusqu'à la tombée des feuilles. S'installait alors une impression de désolation. À moins que la neige ne leur donnât une nouvelle splendeur.

De bise[4], la bien nommée, le château était balayé par un vent sec et froid ; en ouest, le soleil pouvait inonder le haut du village, jusque tard dans la journée. Au sud, à l'abri, se trouvaient la cour du château et les bâtiments de la ferme. Au sud et en dessous du château s'étageaient des pâtures, des vergers et des terrasses de cultures dont il ne reste que quelques vestiges. En descendant vers le ruisseau, quelques parcelles, abritées, devaient être des champs. En remontant la vallée du même nom au sud, s'étendait sur le plateau (à 1050 m environ), la plupart des terres de la seigneurie de Meyronne, exploitées dans le cadre de la censive seigneuriale. C'était la partie gévaudanaise des terres de Meyronne.

La partie auvergnate était au nord de la vallée, là où elle rejoignait celle de la Desges en contrebas vers l'abbaye de Pébrac, située à proximité, suivant le ruisseau qui venait grossir les eaux de la Desges. La vallée, encaissée, était moins ensoleillée que la partie haute de la vallée, principalement durant la période hivernale. L'ubac était peuplé d'une forêt de feuillus et de conifères mêlés, servant d'habitat notamment aux cèpes et aux sangliers.

---

4   "De bise" désigne l'orientation nord-nord-est d'une parcelle ou d'un bâtiment.

– 2 –

Les voies d'accès
à Meyronne

L'accès à Meyronne s'avérait plus facile en provenance du sud que du nord. Avant la construction de la route actuelle, un accès était possible par le chemin au nord-ouest, traversant le plateau à partir du village de la Bastide et puis allant jusqu'à Meyronne. Par ce chemin, la première image avec le village était le château que l'on apercevait juste en contrebas. Celui-ci devait être emprunté par les habitants du village de La Soucheyre, paroisse de la Besseyre-Saint-Mary. Situé plus à l'ouest sur le plateau, ce village avait dépendu de la seigneurie de Montmonadier, rattachée à Meyronne probablement à la fin du Moyen-Âge.

Mais, le plus direct, sur le flanc est de la vallée, à partir de Venteuges, était celui qui longe un petit torrent, un filet d'eau qui prend sa source en dessous de l'actuel calvaire. Le sentier était étroit, escarpé, ressemblant parfois à celui emprunté par les chèvres ; il traversait la forêt de feuillus et de conifères. Le torrent qui grossit au fur et à mesure se confondait, parfois, avec la piste avant qu'il ne s'enfonce dans une gorge profonde et sur lequel s'était formée une série de petites cascades. Ce ruisselet était un affluent du ruisseau dénommé La Meyronne. Le trajet s'effectue en une grosse demi-heure.

Du nord, l'accès se faisait par la vallée de la Desges, encaissée et peu ensoleillée.

Les marchandises étaient, comme ailleurs, transportées à dos de mulet. Les muletiers utilisaient les mêmes voies de passage que celles empruntées par les hommes.

– 3 –

Le prieuré de Pébrac et l'émergence d'une seigneurie

L'histoire des terres de Meyronne est indissociable de celle du prieuré* et de l'abbaye de Pébrac, situés un peu plus bas dans la vallée de la Desges.

Aux XIᵉ-XIIIᵉ siècles, comme ailleurs durant cette période d'expansion[5], un vaste mouvement de défrichement a été initié de façon conjointe par les paysans, en quête d'un nouveau lopin de terre pour se nourrir, et par les seigneurs. Les paysans fournirent la main-d'œuvre et les seigneurs, restant maîtres de leurs forêts, acceptèrent que des parties puissent être transformées en terres labourables. Pour cela, de nouveaux ordres religieux ou des ermites, cherchant l'ascétisme et la solitude, s'établirent dans des zones en friche détenues par les seigneurs[6] ainsi que des individus isolés et probablement libres. C'est dans ce contexte que Pierre de Chavanon créa le prieuré de Pébrac et que se développèrent les relations entre la châtellenie de Meyronne et le prieuré devenu ensuite abbaye.

Qui était Pierre de Chavanon, le fondateur du prieuré de Pébrac ?

Né (-1080) dans une famille aristocratique, à Langeac où il fut archiprêtre, il devint le directeur spirituel de l'abbaye des Chaze, réformant cette communauté religieuse, affilié à l'ordre de Saint-Benoît[7]. Il se retira à Pébrac où il avait fondé un prieuré en 1062, et fut secondé par Pierre et Guy d'Artois. Robert II, comte d'Auvergne, ayant des possessions à proxi-

---

5   GAUVARD Cl., *La France au Moyen-Âge du Vᵉ au XVᵉ siècle*, Quadrige Manuels, PUF, 2019.
6   DUBY G., *L'économie rurale et la vie des campagnes dans l'occident médiéval*, tome 1, pp. 154-155, Champs-Flammarion, 1990.
7   POUGET J. « Les Chazes », in *Almanach de Brioude*, p.112 et suivantes, 1923.

mité, avait cédé ses droits au prieuré de Pébrac sur le château de Ganillon, ce qui permit au prieuré de grandir en notoriété et en capacité financière.

En 1070, Pierre de Chavanon unit la prévôté* de Pébrac à la collégiale de Brioude, grâce à un membre de la famille de Lastic. Pierre Gaillart fils d'Henri (fondateur de cette maison) et d'Aldéarde de Mercœur, participa à la conclusion du traité entre ces deux institutions en tant que prévôt de Pébrac et chanoine-comte de Brioude[8]. La maison de Lastic (Cantal), affiliée à la famille des Mercœur, a été présente au sein du prieuré de Pébrac, dès le départ.

Puis, le prieuré de Pébrac accrut sa zone d'influence par le rattachement d'églises dépendantes des évêchés de Clermont, de Viviers et de Rodez[9]. Enfin, le pape Urbain II, en visite à Brioude, a « érigé » ce monastère en abbaye en 1095[10]. Date à laquelle il initia à Clermont-Ferrand, la première croisade.

Cela est-il anodin pour la seigneurie de Meyronne ?

Le château de Meyronne, ses châtelains et ses terres étaient inconnus avant l'installation du prieuré de Pébrac. C'est grâce aux écrits et aux relations qu'ils entretenaient que nous pouvons, aujourd'hui, comprendre le développement de cette châtellenie, qui deviendra seigneurie puis quelques siècles plus tard baronnie.

Les premières mentions de la famille habitant le château de Meyronne datent du XIe siècle dans le *Cartulaire* * de l'abbaye de Pébrac[11]. D'abord, elles

---

8   LASTIC-SAINT-JAL (de), A., Généalogie de la maison de Lastic, Imprimerie Henri Oudin, Poitiers, 1858, BNF-Gallica. Lastic est un petit village situé dans le Cantal actuel au nord de Saint-Flour en direction de Massiac. Il domine la Planèze.

9   BNF, *Monumenta pontificia arveniae decurrentibus IX°, X°, XI°, XII° saeculis*. Correspondance diplomatique des papes, BNF-Gallica.

10   DU TEMS H., *Le clergé de France, ou tableau historique et chronologique des archevêques, évêques, abbés, abbesses, et chefs des chapitres principaux du royaume, depuis la fondation des églises jusqu'à nos jours*, tome 3, p. 275-280, Brunet, Paris, 1775.

11   *Terrarium S. Petri de Chavano, primo prepositi Piperaci*, abbaye de Pébrac (diocèse de Mende), 1711, département des manuscrits en latin, n° 9855, BNF-Gallica.

sont apparues sous forme de donations lors de funérailles des membres de la famille, notamment, assez modestes mais nombreuses. En 1142, Bernard de Meyronne et ses frères Foulques et Drogon, ont donné à l'abbaye Sainte-Marie de Pébrac, trois parts de sépulture en l'église du village de Desges, une redevance de cent poissons[12] et une émine d'avoine pour que soit célébré l'office de sépulture de Pierre de Meyronne[13].

Puis ce fut Trucha, veuve de Drogon qui, avec ses fils Pierre, Bertrand et Truchetz, fit donation de tous les biens qu'elle possédait à Chadernac à l'abbaye de Pébrac pour l'âme de son époux défunt. Les témoins sont de Tauliac ou Talhiac, Eblo prieur de Pébrac, de Vilaret et Palesmus de Grèzes[14].

Durant cette période (XIIe et XIVe siècles), les données sont trop fragmentaires pour qu'une généalogie cohérente puisse être réalisée[15]. Les seuls éléments sérieux que nous ayons en notre possession sont : certains, restés sur place s'étaient alliés à la famille de Lastic, et/ou avaient hérités de biens (Lastic et Ruynes-en-Margeride)[16] ; d'autres par alliance s'étaient installés ailleurs (Lempdes-sur-Allagnon)[17] ; d'autres s'étaient mis

---

12   FABRE (abbé), la Desges qui descend des alentours de Pinols est réputée pour être très poissonneuse.

13   *Tablettes historiques du Velay*, Tome V, 1874-1875, Cartulaire de Pébrac, N° 37, page 166, BNF-Gallica.

14   Tablettes historiques du Velay, Tome V, 1874-1875, Cartulaire de Pébrac, N° 49, page 40, BNF-Gallica.

15   FABRE F. (abbé), *Les seigneurs de Meyronne près Saugues (Haute-Loire)*, Imprimerie typo-lithographique Gustave Mey, Le Puy-en-Velay, 1902.

16   Archives Nationales (AN), Document 18679, *Inventaire des lettres, titres, enseignements titres en pays d'Auvergne et en Gévaudan concernant la châtellenie et seigneurie de Salgues*, document établi par les notaires royaux Gérault Planchette et Guillaume Pelisse pour le prince et monseigneur Gilbert Bourbon comte de Montespan, dauphin d'Auvergne, comte de Clermont et baron de Mercœur. Document dénommé *Hereditas domini*, p. 437. BNF-Gallica. Reconnaissance en 1322, par Bertrand de Meyronne d'une vassalité sur des châtellenies qu'il détient à Lastic et à Ruynes-en Margeride au nom de sa mère. Bertrand de Meyronne et Béraud de Taillac, dit seigneur de Meyronne seraient cousins germains par leur mère respective issue de la famille de Lastic, (lieu situé dans le Cantal actuel).

17   FOURNIER G., « Lempdes Haute-Loire, Histoire et topographie », in *Almanach de Brioude*, 1989, pp.19-39. AN, R 4* 1143 folio 327, n°718 ; Folio 158, n°310 (1284) ; Folio 162, n°323 (1366), au moins un siècle sépare Truc de Meyronne mentionné dans cet acte de l'époux de Béatrice de Lempdes qui portait le même nom.

au service de la maison de Polignac[18]. Durant cette période, il n'était pas rare qu'une seigneurie castrale* se vende au plus offrant ; enfin d'autres participèrent aux croisades. *(Document 1, annexé).*

Les relations entretenues, par la maison de Lastic dès XIe siècle, avec le prieuré de Pébrac s'intensifièrent. Au XIIe siècle, Guillaume de Lastic, troisième fils d'Etienne de Lastic, devint abbé de Pébrac alors que son frère aîné était chanoine-comte de Brioude[19]. Ils étaient tous les deux des cadets de famille. La présence de religieux dans cette structure religieuse de proximité, depuis sa création, rendit probablement possible la création de relations matrimoniales avec d'autres seigneuries que celles existantes localement.

Ainsi, un siècle plus tard, des relations matrimoniales s'établirent entre les Lastic, les Meyronne et les Tailhac. *(Document 2, annexé).*

Deux filles de Pierre Bompar III de Lastic ont épousé respective-ment un membre de la famille de Meyronne et un autre de la famille de Tailhac, introduisant ainsi des liens de parenté entre ces deux familles. Ces mariages sont accompagnés de donations territoriales revendiquées ulté-rieurement.

Figure 4 : Généalogie des Lastic

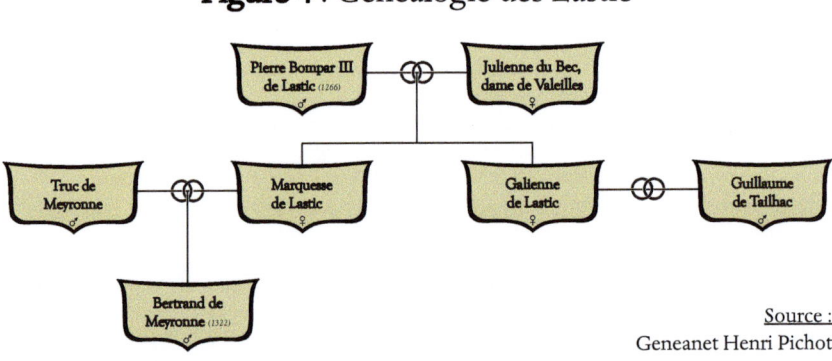

Source :
Geneanet Henri Pichot

18   JACOTIN A., *Preuves de la maison de Polignac, recueil et documents*, tome I, Ré-édition Lacour. Polignac est situé dans le Velay, à proximité du Puy-en-Velay.
19   LASTIC-SAINT-JAL (de), A., *Généalogie de la maison de Lastic, op.cité.*

– 4 –

L'énigmatique Na Castelhoza

C'était à peu près à cette période que Na Castelhoza – son nom est orthographié de différentes façons : Dona Castellosa, Na Castelloza, Na Castelhauza, Dame de Castel Doze – serait arrivée au château de Meyronne. Elle serait née entre 1195 et 1205[20] au Castel d'Oze, château situé à Sénezergues dans la Châtaigneraie cantalienne. Cette hypothèse développée par plusieurs auteurs[21] prend appui sur la légende rapportée par l'abbé Peyrou[22]. L'abbé Prouzet, historien lozérien, lui donnait des origines espagnoles, jugées peu crédibles par différents auteurs[23]. Elle a été reconnue comme troubadoure auvergnate, en 1230. Le troubadour Hugues (Uc) de Saint Circ en aurait écrit la biographie, qui se résumait en quelques lignes. Robert, dauphin d'Auvergne, également troubadour, a indiqué qu'elle était d'Auvergne, il n'est pas précisé le lieu de sa naissance.

À cette période, afin d'accéder aux sphères seigneuriales plus élevées, les seigneurs locaux épousaient des femmes d'un rang supérieur au leur. La femme était tributaire de l'homme et devait lui être soumise en tous points, la seule exception faite était son rôle dans la procréation afin de donner des héritiers et d'assurer leur éducation[24]. Les enfants nés, dans le cadre du mariage, étaient les seuls reconnus comme héritiers. Et,

---

20   DE LA SALLE DE ROCHEMAURE F, *Les Troubadours cantaliens*, 1910. BNF-Gallica. BNF-Gallica.

21   CUBIZOLLES P., « Dona Castelloza », *Almanach de Brioude*, 1973. Compte tenu de l'environnement géo-politique de l'époque, les différentes théories mériteraient d'être questionnées.

22   DE SARTIGES D'ANGLES, Sénézergues in *Dictionnaire du Cantal*, tome V, De Déribier du Chatelet, pp. 330-332.

23   PROUZET (abbé), *Histoire du Gévaudan*, BNF.

24   DUBY G., « Le modèle courtois » in *Histoire de femmes en Occident*, tome II, Le Moyen-Âge, sous la direction de Christiane Klapisch-Zuber, Tempus-Plon, pp. 323-343, 1991.

Figure 5 : Icône de Na Castelhoza

dans la noblesse, souvent la cohabitation conjugale était brève : l'homme partait guerroyer et pouvait mourir au combat et la femme décéder en couches.

Dans ce contexte, Na Castelhoza, femme lettrée, cultivée et raffinée[25], faisait exception, ce qui apportait à la seigneurie de Meyronne une renommée, et constituait peut-être un atout pour l'éducation des héritiers.

Félix de La Salle de Rochemaure, n'avait aucun doute : elle était issue de Castel d'Oze, elle était la dernière héritière de ce château inféodé à la vicomté de Carlat (Aveyron). La vallée d'Oze fut décrite, en 1846, par un journaliste cantalien comme une vallée triste dont les versants étaient peuplés de châtaigniers et de chênes, surnommée, dans sa partie méridionale « *les portes de l'enfer* ». C'était la résidence préférée de Henri Ier, comte de Rodez et vicomte de Carlat, au XIIIe siècle.[26]

Elle aurait épousé, vers 1230, Turc de Meyronne, homme fougueux, querelleur et violent, d'un certain âge, à la barbe grise, ayant guerroyé en Palestine ou en Egypte[27], au cours d'une croisade d'où il serait revenu mutilé. Robert, dauphin d'Auvergne dans son *Sirventes*[28] contre l'évêque de Clermont, son cousin, disait « *qu'il va guerroyant sans cesse, pis que Turc de Meyronne* »[29]. De ce mariage, est issu Antoine de Meyronne dit Truc, devenu seigneur de Lempdes par son mariage en 1280 avec Béatrice de Lempdes. Son petit-fils était Béraud dit le « Turc », en 1317.

---

25   BNF, site Richelieu, ms côte Français 840 f° 125.
26   DE LA SALLE DE ROCHEMAURE F., *op. cité*, description faite par un journal cantalien cité p. 400.
27   DE LA SALLE DE ROCHEMAURE F., p. 47. Dona Castelloza était la dame de Castel d'Oze, commune de Senergues (Cantal) et Armand de Bréon, le seigneur de Mardogne près de Neussargues (Cantal).
28   BNF, département des manuscrits, Français 1592, *Recueil de poésies des troubadours contenant leurs vies, XIIIe siècle*, BNF-Gallica. ZUCHETTO G. *Terre des troubadours, XII-XIIIe siècles*, Les éditions de Paris Max Chaleil, 1996.
29   *Mas vai guerr amesclan plus que turs de Mairona.*

Comment l'alliance matrimoniale entre Turc de Meyronne et Na Castelhoza avait-elle été conclue ? Plusieurs hypothèses pourraient être évoquées : par l'intermédiaire de relations créées durant les croisades ; par le biais des abbés de la maison de Lastic demeurant au prieuré de Pébrac ou alors grâce aux grandes migrations connues vers le sud depuis le XIe siècle.[30]

Le couple avait-il réellement vécu dans le château de Meyronne ?

Si la question de son origine reste pour le moins douteuse, ce que nous connaissons d'elle, ce sont trois chansons – longuement étudiées – et une quatrième probable, destinées à Armand de Bréon, frère de Maurin (1190-1240) qui rendit hommage en 1222 au Dauphin d'Auvergne pour ses possessions situées à Compains dans les Combrailles (63)[31]. Armand de Bréon, chevalier d'un rang socialement plus élevé que Na Castelhoza, aurait participé à des croisades. Il demeurait dans son château à Mardogne près de Neussargues (Cantal). Tout comme Na Castelhoza, il était marié. Na Castelhoza aurait assisté à plusieurs cours d'amour à Romanin en Provence et au Puy-en-Velay en 1265. Parmi les spectatrices, figuraient la vicomtesse de Polignac, les baronnes d'Allègre et de Mercœur. Comme Dona Alamuc de Castelnou, elle était son amie[32]. Dans ses chansons, elle célébrait l'amour courtois, qui n'était pas platonique, contrairement à ce qui a pu être écrit par le passé, il s'agissait d'un jeu et comme dans tous les jeux, le joueur avait l'espoir de gagner. L'amour courtois concédait à la femme un pouvoir certain qui restait confiné dans les domaines de l'imaginaire et du jeu.[33]

Na Castelhoza a exercé son art dans une période encore faste pour les troubadours. À partir de 1250, un changement sensible s'est opéré dans la société, il s'est manifesté par un désintérêt à l'égard de la poésie profane

30   BEC P., MARTEL Ph., *Naissance de l'Occitanie du VIIIe siècle à 1208*, in L'histoire de l'Occitanie, sous la direction d'André Armengaud et Robert Laffont, Institut d'Études Occitanes, 1979.
31   BNF, site Richelieu, ms Français 12473 f° 110, BNF-gallica.
32   BEC P., *Chants d'amour des femmes-troubadours*, textes établis, transcrits et présentés, Stock Moyen-Âge.
33   Voir DUBY G., *op.cité*.

et un goût plus prononcé pour le religieux. Sous l'influence des ordres de frères prêcheurs et mendiants (dominicain et franciscain), l'orthodoxie religieuse fut restaurée. Le climat semblait propice à l'organisation de l'inquisition qui provoqua notamment l'exil d'une partie des troubadours[34]. Leur public de choix était principalement les femmes : jeunes vierges, veuves et femmes mariées et leur thématique était le contrôle de la sexualité aux fins de la procréation : les pensées se devaient être pures et la sexualité s'exercer dans le cadre défini du mariage[35]. C'est dans cette perspective que le 7 mars 1277, l'évêque de Paris, Etienne Tempier condamna les ouvrages suspects traitant de l'amour.[36]

34   LANGLADE J., *Les troubadours, leurs vies, leurs œuvres*, Armand Colin, 1919.
35   CASAGRANDE C., « La femme gardée » in *Histoire de femmes en Occident*, tome II, Le Moyen-Âge », sous la direction de Christiane Klapisch-Zuber, pp. 99-142, Tempus-Plon, 1991.
36   NELLI R., *L'érotique des troubadours*, p. 247, Éditions Privat, 1963.

– 5 –

Vers de nouveaux sites...

À partir du XIIIᵉ siècle, les Meyronne s'allièrent à une riche famille située dans les plaines fertiles de la Limagne*, et devinrent les principaux seigneurs de Lempdes jusqu'au XIVᵉ siècle. Dans le dernier quart du XIIIᵉ siècle, ils possédaient une maison-forte : en 1284, Béatrice de Lempdes, veuve du seigneur Truc (Antoine) de Meyronne, a reconnu tenir en fief de Hugues Dauphin, au titre du château de Léotoing (Haute-Loire), son « hôtel et forteresse » de Lempdes et tout ce qu'elle avait en jouissance dans la ville, en particulier des droits de justice sur les hommes et sa terre. La forteresse devait être rendue au seigneur. Au début XIVᵉ, les Meyronne ne sont plus les seuls seigneurs de Lempdes, la famille d'Auzon dont la terre principale était la seigneurie voisine de Vergongheon (Haute-Loire) était également présente à Lempdes. En 1305, Estienne d'Auzon, à la suite de contestations et procès, a reconnu tenir en fief d'Hugues Dauphin sa seigneurie de Lempdes.

Une autre partie de cette famille était devenue vassale des comtes dauphins : en 1222, elle avait reçu en fief* la terre des Roches-de-Coiffins, dans la paroisse d'Ours (Puy-de-Dôme) et dans la châtellenie de Pontgibaud (Puy-de-Dôme) où elle construisit une maison-forte. Aussi, même si leur influence est contestée à Lempdes, ils sont encore implantés dans la châtellenie de Pontgibaud où en 1317, une reconnaissance concernant des biens situés à la Roche-de-Coiffins fut signé par Béraud de Meyronne (petit-fils de Na Castelhoza), « *autrement appelé le Truc de Meyronne qui lors estoit seigneur de Lende* »[37].

---

37   FOURNIER G., « Lempdes Haute-Loire, Histoire et topographie », *op. cité*, folio 180-181, n°375 (1317). « Autrement appelé le Truc de Meyronne qui alors était seigneur de Lempdes ».

23

En 1366, Eustache de Meyronne, frère de Truc de Meyronne, a passé une reconnaissance avec le comte dauphin, dans les mêmes termes que celle de 1282, pour la maison-forte de Lempdes. Jean de Meyronne, mentionné dans les années 1367-87 comme seigneur de Lempdes et du village voisin de Chambezon, fit élaborer un terrier de ses terres (paroisse voisine ayant un prieuré de la Chaise-Dieu).

En 1426, à la suite du mariage de Jeanne Dauphin avec Louis 1er de Bourbon, la seigneurie de Léotoing fut réunie à celle de Montpensier. Les comtes Montpensier en tant que seigneurs de Léotoing achetèrent la seigneurie des Meyronne à Lempdes. C'est à cette date que se termina l'histoire des Meyronne à Lempdes.

L'existence du château est connue dès le XIe siècle. Il fallut deux siècles plus tard pour identifier les villages environnants qui composaient la censive seigneuriale. À proximité du château, dans la vallée, grâce à son église « *ecclesia de dega* »[38], nous connaissons l'existence du bourg de la paroisse de Desges dès le XIIe siècle. Les villages situés au sud, sur le plateau, le furent plus tardivement. Les mentions prouvant leur présence dataient du XIVe siècle : La Bastide, village le plus proche, était dénommée, en 1327 sous le nom de « *mansus de la Bastida* » ; Sauzet figurait, à cette même date, sous le patronyme de « *mansus Salzetz* ». Quant à La Soucheyre, « mansus de Socheria » était citée seulement en 1397. L'existence du Ménial, appelé aussi Ménial-Golfier au XVIe, était attestée en 1327[39]. Le 7 mars 1399, deux membres de ce manse « *del mainial parrochia venthologii dioceso mimatensis* »[40] signèrent une reconnaissance en faveur de noble Philippa Ithier de Georand dans le cadre d'une pagésie[41]. Devenu village, le Ménial-Golfier était possession des seigneurs de Meyronne, deux siècles plus tard. La seule exception restait le village du Rouve « *le Rover* » dont l'existence était signalée

38   FOURNIER G., « Lempdes Haute-Loire, Histoire et topographie », *op. cité*, folio 180-181, n°XLVI, 25 (1317). « Autrement appelé le Truc de Meyronne qui alors était seigneur de Lempdes ».

39   CHASSAING A., JACOTIN A., *Dictionnaire topographique du département de la Haute-Loire*, suivant cotte AD 48 G 98, 394 pages, Imprimerie Nationale, 1907.

40   Traduction « du Ménial, paroisse de Venteuges, diocèse de Mende ».

41   Archives départementales de la Haute-Loire (AD 43), Terrier 1 E 320.

dès 1248, dans le *Cartulaire de Pébrac*[42].

Figure 6 : Localisation des manses connus au XIVᵉ siècle, le château de Meyronne et l'abbaye de Pébrac

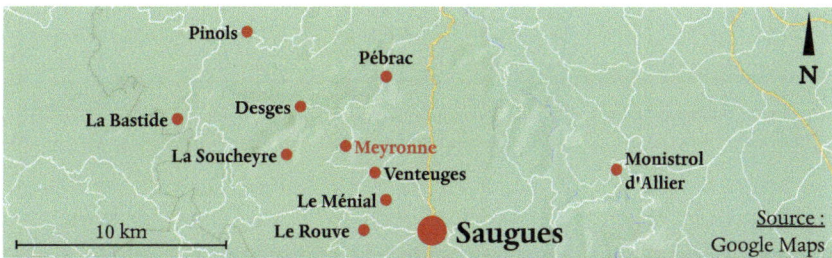

Cependant, il est difficile d'imaginer que leur implantation se soit réalisée de façon disjointe. Il est fort probable que l'implantation de familles dans ces lieux ait débuté avec le commencement du défrichement dans la région et se soit faite en même temps que celle des « Truc » à Meyronne. Le château était inséré dans un ensemble de villages. Pour Georges Duby, le terme de *mansus**, – terme désignant la parcelle habitée dans le village, le lieu du foyer –, était employé dès le début du VIIᵉ siècle, « *dans les textes latins des pays où s'est épanouie la civilisation carolingienne* ».[43]

En 1366, « ...*Noble Toux chevallier et seigneur de Meyronne a mondict seigneur de Mercœur et de Salgues à cause de la seigneurie et mandement de Salgues en fief noble lequel recogneut et confessa tenir son chastel et place de Meyronne et ses appartenances ensemble tout ce que peut avoir et prendre dans les parroisses de Salgues et de Ventuejolz* (dénomination *Pilato* dans le texte)», ainsi que des terres au Besset paroisse de La-Besseyre-Saint-Mary. Ces biens étaient détenus en toute justice haute, moyenne et basse, les cens, rentes et revenus lui appartenant[44]. Il était aussi délégué aux États généraux du Gévaudan* en 1360. Les différents actes de reconnaissance auprès du baron de Mer-

---

42   *Cartulaire de Pébrac*, n°73.
43   DUBY G., *L'économie rurale et la vie des campagnes dans l'occident médiéval*, pp. 94-95, Collection Champs, Flammarion, 1977.
44   AN, Document 18679, *op. cité, dénommé Pilato*, p. 21-22.

cœur ont permis d'avoir une idée un peu précise de l'étendue des terres seigneuriales appartenant à la famille de Meyronne.

Le siège de la seigneurie était situé en Gévaudan et Auvergne, parties intégrantes de l'Occitanie qui a connu un développement socio-économique différencié du nord de la France. Zone dans laquelle, Lewis considère qu'à la fin du Xe siècle seulement 5 à 10 % des terres n'étaient pas des *alleus*, des terres libres[45]. Cela laisse penser que le servage avait été peu important et qu'il est difficile de le cerner dans les textes[46]. Philippe Martel et Pierre Bec ont considéré que la population était clairsemée et que les fuyards des raids de Charles Martel, particulièrement meurtriers, avaient trouvé refuge dans les hauts plateaux et les zones montagneuses et, qu'à compter du IXe-Xe siècles, les paysans pouvaient devenir alleutiers. Ils cultivaient des terres délaissés par les propriétaires contre le paiement annuel d'un cens[47]. Pour ceux qui n'ont pas de terres, devenir serf chez un seigneur était un moyen d'exploiter un lopin de terres[48]. A la fin du XIe siècle, les alleutiers étaient près de 80 % en Occitanie et leur nombre représentait encore 50 % à la fin du XIIe siècle, moment où s'amorçait une féodalisation de la société[49].

Toutefois, les droits féodaux transcrits dans le terrier traduisent bien une dépendance des censitaires (paysans et autres) à l'égard du seigneur (paiements des droits seigneuriaux aux quatre cas, droit de haute, moyenne et basse justice).

En 1327, la seigneurie de Meyronne figurait dans le terrier des Mercœur[50]. Elle était donc vassale du seigneur de Mercœur et de Saugues.

---

45   LEWIS A-R.,*The development of southern french and catalan society 718-1050*, Austin, University of Texas Press, pp. 235-385, 1965. MARTEL Ph, BEC P., « Naissance de l'Occitanie du VIIIe siècle à 1208 » in *Histoire de l'Occitanie*, sous la direction de André Armengaud et Robert Lafont, Éditions Institut d'études occitanes.

46   MARTEL Ph, BEC P., *Idem*, p. 234.

47   *Ibidem*, p. 175.

48   *Ibidem*, p. 238.

49   *Ibidem*, p. 219.

50   AD 48, G.98, Terrier des Mercœur, *It(em) castru(m) de Mayrona cu(m) p(er)tinenclis*, p. 3, 1327.

Si bien qu'en 1371, au mois de mars, la filiation était clairement établie entre Guillaume de Tailhac et son fils Béraud de Tailhac, en tant que seigneurs de Meyronne. Ils ont signé une reconnaissance envers le baron de Mercœur, au titre des biens qu'ils détenaient à Saugues. Biens déjà répertoriés en 1366 sous la dénomination de *Pilato*[51], reconnus par Toux de Meyronne. D'autres, dans les villages de Madeyres du Mesnil et Védrines au titre de la châtellenie de Ruynes-en-Margeride (Cantal) ; d'autres encore, dans les villages de la Bessière et de Banière dépendants de la châtellenie de Lastic (Cantal). Ces reconnaissances étaient détenues en justice haute, moyenne et basse, cens, rentes, bois et autres servitudes des tailles et appartenances des villages, héritées de Marquèze de Lastic, mère de Bertrand de Meyronne, son père. De plus, dans ce document, les propriétés détenues à Lempdes-sur-Allagnon, étaient également notifiées[52].

Alors, la situation se compliqua. Qui était le seigneur de Meyronne ?

La famille de Meyronne avec Toux qui a signé des reconnaissances ou Guillaume de Tailhac et son fils Béraud ? Cette question est d'autant plus légitime qu'un document en date du 4 août 1372 contredit d'autres documents passés et d'autres plus récents. Dans ce document[53], messire Guillaume de Tailhac, chevalier, seigneur en partie de Tailhac mais aussi des châteaux Doners de Mondsur et de Montmonadier, ne reconnaissait pas le chastel et la Châtellenie de Meyronne. On se souvient, les Meyronne et les Tailhac étaient apparentés par leurs épouses respectives qui étaient sœurs, mais c'était à la fin du XIIIᵉ siècle.

Y a-t-il eu cogérance entre ces deux familles pendant une période ? Laquelle ?

Toujours est-il que cette vassalité a été renouvelée par Béraud de Tailhac des chastels d'Anuers, de Montmonadier et de Meyronne, en 1378, auprès de seigneur Bérauld, seigneur de Mercœur au titre du mandement

51   AN, document 18679, *op. cité, Communionem*, p. 437.
52   *Idem.*
53   AN, document 18679, *op. cité, Hierusalem*, p. 762-763.

de Saugues[54]. Guillaume de Tailhac, seigneur de Meyronne a rendu hommage en 1403, comme seigneur pour partie de Tailhac[55]. Louis de Tailhac, désigné comme seigneur de Meyronne, Montmonedier a conclu une vente avec les prêtres de Saint Médard de Saugues en 1450. Il était encore signalé comme seigneur de ces terres, en 1470, dans les comptes de Benoit Rigauld, syndic des prêtres de Saint-Médard de Saugues[56].

La châtellenie de Montmonedier dont dépendait le village de la Soucheyre est-elle devenue possession de la seigneurie de Meyronne comme héritage de Louis de Tailhac ? Il est légitime de s'interroger car les ressources de cette châtellenie sont demeurées attachées à la seigneurie de Meyronne à compter de cette période.

Mais cette seigneurie allait-elle acquérir son indépendance par rapport aux Tailhac ? Qu'allaient donc devenir cette seigneurie et ses terres ?

La question est posée puisqu'en 1491, Antonie de Tailhac a épousé Jacques de la Villate de Jonchères, seigneur de Belvezer. Elle a apporté en dot la seigneurie de Meyronne, Chazeaux, Montmonadier et Montpeiroux ainsi que des terres voisines de Tailhac et de Saugues. Le contrat en latin est passé au château de Montpeiroux en présence de Raymond de Roget, écuyer, seigneur de la Fagette et Louis de Tailhac, seigneur de la Margeride[57].

---

54   AN, document 18679, *op. cité*, *Pilato*, p. 26.
55   ASTOR Cl., « Mariages et familles en Haut-Allier à la fin du Moyen-Âge », in *Almanach de Brioude*, p. 67, 2007.
56   JOURDA DE VAUX G. (vicomte), *Le nobiliaire du Velay et de l'ancien diocèse du Puy*, 1933, BNF-Gallica. FABRE F. (abbé), *Les seigneurs de Meyronne*, op. cité, p. 8.
57   *Ibidem*, et GRELLET DE LA DEYTE, *La Noble maison de la Chassaigne de Sereys*, p. 99.

Figure 7 : Les familles de Tailhac et de Dorette,
seigneurs de Meyronne

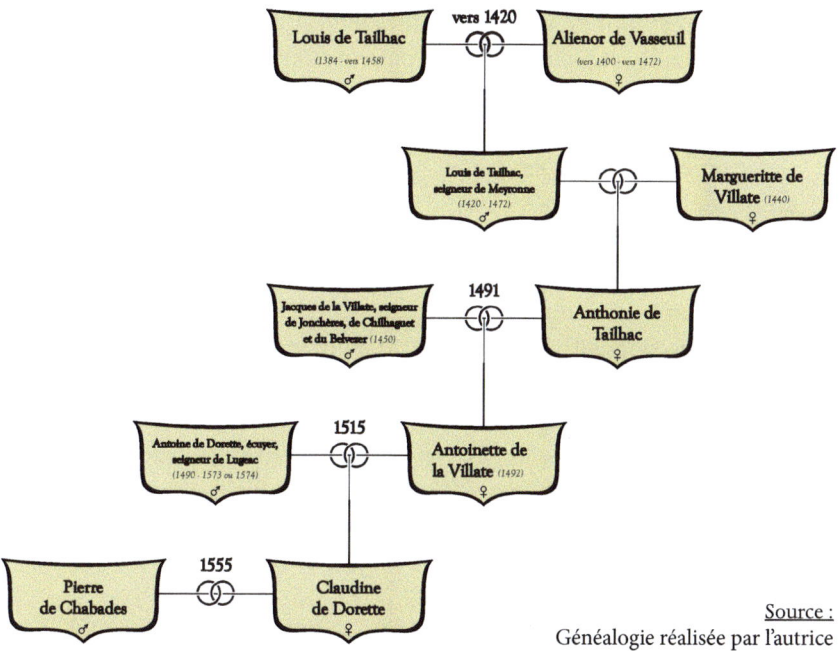

Devenue veuve en 1501, elle épousa Jean de Blou, seigneur du Pressis.

Du premier mariage est née une fille, Antoinette de la Villate, héritière de Meyronne qui épousa, vers 1515, Antoine de Dorette, chevalier, seigneur de Lugeac, Veyrières et Busséol. La seigneurie de Dorette était située dans la paroisse de Brenat[58] en l'actuelle Lozère.

Un évènement majeur s'est déroulé au cours de ce centenaire : le

---

58   FABRE F. (abbé), *Les seigneurs de Meyronne, op. cité*, p. 9.

duc de Mercœur obtint, en 1554, un édit royal lui permettant le rattachement des deux mandements gévaudanais (Saugues et le Malzieu) à la coutume de Paris en son parlement, et à la sénéchaussée de Riom. Cela veut dire que sur le plan judiciaire, ces deux mandements relevaient de la cour de Riom et non de celle de Montpellier. A cheval, entre l'Auvergne et le Gévaudan, la seigneurie de Meyronne ne dépendait plus que de l'Auvergne.

Antoine de Dorette est connu, principalement, grâce au terrier qu'il a commandé, à la fin de sa vie, en 1571, répertoriant l'ensemble des biens de la seigneurie de Meyronne.

Nous disposons donc de deux documents majeurs qui ont permis de connaître cette seigneurie : le premier document datait de la fin du XVIᵉ siècle, le fameux terrier et le second était réalisé vers la fin du XVIIIᵉ siècle, *L'Aveu et dénombrement** signé en 1787 par le tuteur de Jean-Baptiste Nicolas Thomas de Domangeville, encore mineur, héritier de cette seigneurie entre-temps devenue baronnie. Alors que s'était-il passé entre ces deux périodes ?

– 6 –

Les guerres de religion :
les répercussions locales

Les guerres de religion eurent lieu, par intermittence, sur plusieurs décennies (1562-1598) sur l'ensemble du territoire dont l'épisode le plus connu fut le massacre de la Saint-Barthélémy. Elles eurent des répercussions locales, le mandement de Saugues étant catholique. Le huguenot Mathieu Merle, venant du sud du Gévaudan, s'est installé au Malzieu le 17 novembre 1573. Avant la fin de cette même année, il pénétra avec ses troupes, en terre catholique, dans la paroisse de la Besseyre-Saint-Mary, diocèse de Saint-Flour. Elles pillèrent et saccagèrent comme en a témoigné Jehan Redond, curé de cette paroisse.

Afin de défendre la ville de Saugues, le 20 août 1574 une compagnie d'arquebusiers fut confiée à Antoine Amargier de la Rodde, seigneur de Beauregard et époux de la dame de Beauregard, par Jean comte d'Apchier et gouverneur du Gévaudan. Les villages du Rouve, de La Soucheyre et du « Meynial Golfier » étaient proches du chemin qui reliait Le Malzieu à Saugues.

Les troupes du papiste le sénéchal Antoine de Saint-Vidal étaient au Puy-en-Velay prêtes à intervenir.

Après le retrait et le décès du huguenot Mathieu Merle, les ligueurs* (catholiques) sévissaient dans la région et, en 1590, ils occupaient la Besseyre-Saint-Mary, Meyronne et d'autres villages dans la région.

Les exactions causées lors de cette guerre se sont déroulées pendant une période où le climat n'était guère favorable. En effet, une petit ère glaciaire eut lieu de la fin du XVIe au début du XVIIe. Depuis le début des années 1560, s'étaient enchaînées des phases d'automne-hiver très froides voire glaciales entraînant le gel des semailles, suivies de printemps très pluvieux responsables de la grande famine de 1563. Ces conditions climatiques se poursuivirent les décennies suivantes, ajoutant d'autres malheurs à ceux déjà existants.

Les consuls de Saugues se décidèrent, enfin, à alerter les États du Gévaudan, le 11 juin 1586, sur une situation qui perdurait depuis vingt-cinq ans (depuis 1561) faite de pillages, d'impositions trop lourdes et de misère pour les gens vivant à Saugues et dans les villages aux alentours.

« Les ennemis occupant le Malzieu sont ci près de nous, comme estes bien avertis, (...) et parmi les villages de notre paroisse et mandement de trois lieues à l'entour, qu'ils n'ont rien laissé à nous, n'y audit pays, qu'il n'aient ravagé ; pris et amené tous le bétail, meuble et bien qu'ils ont peu trouver, ayant tellement tiré par impositions, cotisations et surcharges la substance de ceste pauvre ville et pays qu'ils et nous sommes du tout accablés ; n'ayant laissé ni ne laissent seulement que les terres, sans que l'on aie moyen ni de quoi les labourer et semer ; tué et meurtri plusieurs allant et venant, jusques aux femmes, dans leurs maisons ; choses grandement déplorables et pitoyables de voir cette pauvre ville et pays à telle extrémité que d'être par la famine et concussions plus que la moitié du peuple ce meurt de faim. (...) Vous suppliant très humblement croire qu''il y a plus de pitié, pauvreté et commisération que l'on ne saurait écrire, jusques à voir la plus grand partie des habitants de cette ville, qui avaient accoutumé porter de charges, parmi les prés, mangeant de l'herbe : et autant ou plus en est aux villages à l'entour, et non sans raisons, car puis vingt-cinq ans cette ville et pays à l'entour a été toujours chargée de compagnies de gens de guerre, munitions, impositions, et par exprès l'année passée que tous les régiments à pied et à cheval et monition que ordonnances ont du tout accablé et mis à bas ceste ville et pays qui souloit [avait coutume de] *contribuer à icelle »* (...) *signé Julien, greffier*[59].

59   Archives Départementales de la Lozère (AD 48), série C, LASCOMBE L., « Lettre des consuls de Salgue (Saugues) à MM. Les commis, syndics et députés du diocèse de Mende», le 11 juin 1586, in *Mémoires et Procès-verbaux*, Société des amis des sciences, de l'industrie et des arts de Haute-Loire, Tome I, 1878.

Enfin, le 24 septembre 1594, Pierre Meyronenc, marchand et consul de Saugues, envoya une lettre de soumission à Henri IV, roi de France, et il donna procuration à quelques notables citoyens de Saugues de prêter serment de fidélité et d'obéissance au roi[60].

---

60   AD 48, série C, LASCOMBE L., « Lettre de soumission de la ville de Saugues à Henri IV » in *Mémoires et Procès-verbaux*, Société des amis des sciences, de l'industrie et des arts de Haute-Loire, Tome I, pp. 26-30, 1878.

– 7 –

Un terrier,
mais pour quoi faire ?

Ce terrier, établi par le notaire Langlade à la demande d'Antoine de Dorette, écuyer, seigneur de Meyronne de Montmonadier et de Lupzac, sur une période de 3 ans (1571-1573), est le seul connu, au XVIe siècle, mais les reconnaissances faites, dans les villages de Sauzet et du Ménial Golfier, avaient une antériorité datée, pour certaines de 1521 et d'autres de 1543, grâce aux mentions « jadiz recogneu par feu... ». Cette citation permit d'établir une traçabilité à la fois dans la transmission du foncier et du bâti, la mobilité (agrandissement ou non des structures productives) et aussi dans le lignage familial. À titre d'exemple, les terres de Dimanche Meyronnenc du Meynial-Golfier étaient exploitées précédemment par Pierre Meyronnenc et celles d'Antoine Meyronnenc par Vital Meyronnenc. A partir de ce terrier, pouvait être dressé un état des terres que la seigneurie possédait en censive directe composée de pagésies*.

Sept censitaires habitaient le village de Meyronne en plus de la métairie du château. Un siècle, plus tard, au début du XVIIIe siècle, la vie fourmillait dans ce village parfois considéré comme le cœur de la paroisse que l'on dénommait Meyronne-Venteuges.

Les possessions réparties sur vingt-quatre villages n'étaient pas toutes identiques puisque dans onze villages, la censive était considérée comme « pagésie uniforme »*, - que certains considéraient comme une forme renouvelée du manse[61]- car elle est l'expression d'un collectif. Les différentes unités la composant comprenaient une maison, des bâtiments agricoles (étable, grange, loge pour les porcs), des terres cultivables, des prés, des pâtures, des jardins à chanvre, des jardins dits « à viande » et des terres incultes. Pour ces biens, un cens était perçu en argent, en céréales : seigle et avoine (mesure du château de Meyronne)[62], géline (volaille) et manœuvre. Dans un village tel que La Soucheyre, le cens pouvait être versé également en fromages. Le cens était payé annuellement lors de la fête de Saint-Michel. Les censitaires étaient taillables aux quatre cas (nouvelle chevalerie, pour filles à marier, pour racheter son corps s'il était détenu

61   HELAS J.-C., « Le manse en Gévaudan au milieu du XVe siècle ». In *Annales du Midi : revue archéologique, historique et philologique de la France méridionale*, Tome 102, N° 189-190, 1990.
62   Le système de mesure était variable d'une seigneurie à l'autre.

et fait prisonnier, pour acheter des cens et rentes). La seigneurie détenait sa propre cour de justice et pouvait pratiquer la basse, moyenne et haute justice.

Dans plusieurs villages (7), seules une à trois parcelles appartenaient à la seigneurie, et pour lesquelles un cens est payé en argent ; dans d'autres (5), vingt-six emphytéotes jouissaient de bois et d'une pâture pour lesquels ils versaient un cens en céréales (seigle et / ou avoine) et / ou argent ; dans d'autres (3), les censitaires n'avaient que le droit de pacager dans les bois ou pâturages. Pour cela, ils payaient un cens en céréales. Enfin les biens communs du village étaient reconnus par les villageois seulement dans quatre villages (Sauzet, La Soucheyre, Le Rouve et le Mazel). *(Document 3, annexé)*

Précédemment la seigneurie s'était agrandie dans le village du Rouve, le seul village de la paroisse de Saugues. Vingt-neuf acquisitions furent faites par Antoine de Dorette à la dame de Beauregard. La dame de Beauregard dont il était question serait Françoise d'Apchier (1550-1587)[63] fille naturelle de François-Martin, baron d'Apchier (1509-1575), vicomte de Vazeilles, baron de Sereys, etc. Elle était l'épouse de noble Claude Amargier de la Rodde (1550-1585), seigneur de Beauregard et capitaine de la compagnie des arquebusiers établie par Jean, comte d'Apchier et gouverneur du Gévaudan[64], comme indiqué plus haut.

---

63   MONTAVIT-BARBETEGUY B., généalogie de Françoise d'Apchier, GENEANET 43.
64   GRELLET DE LA DEYTE E., rubrique Mélanges et documents, *Bulletin Historique de la Société Académique*, Tome V, pp. 125-126, 1924.

– 8 –

Une seigneurie
en expansion

À la fin du XVIe siècle[65], parmi les censitaires, la seigneurie de Meyronne comptait cent quarante-quatre laboureurs ; quarante-quatre femmes veuves ou filles de laboureurs vivant seules ; huit prêtres vivant dans les villages sur le plateau, au sud de Meyronne ; trois hôteliers basés pour deux d'entre eux dans la vallée de la Desges (Gaud et le bourg de Desges) et le troisième avait son activité à Venteuges ; trois meuniers : celui du Moulin Bertin ou Martin dans la vallée de la Desges, le second meunier vivait à Pontajou, le dernier habitait à La Soucheyre. Un seul maréchal-ferrant ferrait les chevaux, les bœufs de labour et les vaches à Venteuges. On dénombrait deux tisserands qui exerçaient le premier au Villeret paroisse de Desges et le second au Rouve paroisse de Saugues, ce dernier était accompagné d'un couturier. Seize censitaires sont des chefs de famille dont le statut n'était pas précisé, tels que le sergent de Meyronne, le notaire de Desges, deux nobles terriens dont le seigneur des Taillades. Ils jouissaient tous de près, pâtures et de champs en complément à leur activité principale. *(Document 4, annexé)*

Les terres communes n'étaient connues que dans quatre villages : à Sauzet, elles se répartissaient en dix-sept lieux différents. Les censitaires se reconnaissant en « *pagésie uniforme* » payaient un cens en argent de huit sols six deniers pour la jouissance de ces parcelles. Au Rouve, les signataires « *être en pagésie uniforme* » payaient collectivement un cens d'un montant de vingt-cinq sols pour les communs (La grue et Chaumas) qu'ils utilisaient.

---

65   1571-1573, élaboration du terrier de Meyronne, à la demande d'Antoine Dorette, seigneur de Meyronne et de Montmonadier, par Jacques Langlade, notaire royal.

À La Soucheyre, un bois, d'une surface de douze sétérées*, était commun à l'ensemble des villageois pour lequel chaque utilisateur payait un cens d'un montant de dix deniers tournoys et un boisseau d'avoine, mesure de Montmonadier. Et, au Mazel, le bois de Chamblard était le bien reconnu par les habitants du village, il servait de pacage aux animaux sous le gardiennage d'un berger (moutons) ou d'un vacher (bovins), contenant quarante sétérées (environ 29 hectares)[66] de terre pour lequel les habitants payaient un cens en argent d'un montant de huit sols.

La seigneurie ne possédait aucun bien connu au sein de la ville de Saugues[67], ses biens étaient seulement situés dans les villages. Ils étaient d'inégale importance. Douze d'entre d'eux constituaient le cœur de la seigneurie. Ils étaient majoritairement composés de laboureurs dont les structures étaient disparates. Plusieurs critères pouvaient être retenus pour les différencier : posséder une maison, des bâtiments agricoles et des terres ou seulement une maison ; montant du paiement du cens en argent et en nature ; nombre de parcelles, etc.).

Pour citer seulement quelques exemples de la difficulté de la méthode, Pierre Enjelvin, prêtre de son état, a reconnu détenir une maison, une grange, une étable, une cour et quatre jardins, huit parcelles en pré, vingt parcelles en champ associé à un pâturage ou à un bois, et la moitié d'une autre maison. Pour cela, il payait trente-cinq sols en argent, deux setiers, cinq cartons et quatre boisseaux de seigle ; treize ras d'avoine et trois quarts de poule par an. Et, pour l'autre demi-maison, le cens était de sept boisseaux et demi de seigle. Cette dernière maison appelée « *maison du bayle* » était partagée avec Jehan Bru. Ce dernier donnait onze boisseaux et demi de seigle et deux boisseaux au sergent qui l'occupait. Qui effectuait le travail au quotidien, était-ce le prêtre ou sous-louait-il ses biens à une famille ? La sous-location était une pratique courante.

En 1573, la pagésie de Dimanche Meyronnenc, laboureur au Ménial-Golfier, comportait donc une maison d'habitation, une grange, une

---

66   Une sétérée représente environ 1,67 hectare.
67   Le texte de l'Aveu et dénombrement signé en 1787 laisse penser que la Tour de Saugues appelée « Malgairant » appartenait déjà pour partie à la seigneurie de Meyronne.

étable, une cour, deux jardins, seize parcelles en champ, dix parcelles en prés et en pâturage et une parcelle assez grande dans laquelle sont décrits un pâturage, une parcelle labourable et une autre boisée[68]. La surface en champs était évaluée à environ trois hectares divisés en seize parcelles. La surface en prés et en pâturages était plus importante, ce qui laissait la place à un système basé sur l'élevage, dans une zone où l'altitude varie entre 400 à 850 m dans la partie auvergnate et 850 à 1 000 m dans la partie gévaudanaise formée par un plateau ouvert vers le nord. De fait, c'est un système agro-pastural en moyenne montagne qui était développé sur un sol granitique acide et pierreux.

Pour cette tenure, Dimanche Meyronnenc payait un cens[69] à l'année : en argent, douze sols et six deniers obole tournoys ; en seigle, deux setiers cinq cartons trois boisseaux et quart de boisseau et demi tierce ; en avoine trois ras ; deux et deux quarts et demi-quart de poules (gélines) ; bois, deux charretées et trois quarts. Comme le montre cet exemple, le fractionnement des prestations frisait « *l'absurde* »[70]. Dans le cens, était inclus l'ensemble des droits seigneuriaux. De même, les femmes isolées n'avaient pas toutes les mêmes conditions de vie. Certaines n'avaient qu'une maison ou partie de maison comme au Rouve, Jehanne Necque femme à Jean Larat qui jouissait seulement de « *l'estaige bas d'une maison* » alors que d'autres héritières étaient devenues cheffes de famille comme Izabel Tremoleyre, à La Soucheyre, comme tutrice des héritiers de Jean Tremoleyre. *(Document 5, annexé)*

Certaines tenures n'étaient composées que d'une maison seule ou avec une ou deux parcelles et, a contrario, d'autres composées de deux maisons, deux granges, deux étables ayant trente-cinq parcelles et payant un cens en argent de deux livres (quarante sols). La seigneurie disposait suffisamment de champs pour cultiver le seigle nécessaire à nourrir sa

---

68   FABRE C., « L'*oustal* Comte ou Counte du Ménial de Venteuges », *Almanach de Brioude*, 2017.
69   Le cens était une redevance fixe due au seigneur par son tenancier pour la maison et les terres.
70   HELAS J.-C., « L'emphytéose en Cévennes et en Gévaudan au XVᵉ siècle ». In *Annales du Midi* : revue archéologique, historique et philologique de la France méridionale, Tome 97, N° 169, 1985.

population. Elle possédait six moulins répartis sur l'ensemble de son territoire, localisés sur les cours d'eau, pour moudre le grain des ayant-droits. Le statut de ceux-ci n'était pas le même pour tous. Certains étaient gérés dans le cadre de la censive seigneuriale, deux d'entre eux étaient situés dans la partie auvergnate : le Moulin Bertin et le Moulin de Gaud. L'activité de minoterie constituait l'activité principale pour le premier avec trois moulins à farine et dans le second, il s'agissait d'une activité secondaire en complément d'une activité agricole.

Sur le plateau gévaudanais, on dénombrait également deux moulins, le premier était situé à Pontajou sur le ruisseau d'un même nom : Jean Olier fils à Pierre, laboureur, en avait la jouissance pour moudre le seigle et il pouvait utiliser l'eau du béal pour cet usage. La censive de Jean Olier a été conservée en 1602 en dépit de la vente faite par Louis de Chavagnac à Jean Chastel de Servières, comme nous le verrons plus tard. Le second, appelé « Molin de la Coste » était exploité par Laurent Bonhomme, laboureur à La Soucheyre. Ce moulin avait été jadis reconnu par Guillem et Jean Delclaux. Les exploitants de ces moulins pratiquaient une double activité.

À ces moulins détenus dans le cadre de la censive, un autre moulin était propriété de la seigneurie en noble fief, il s'agissait du moulin de Desges, situé dans la vallée du même nom. Le dernier était le moulin de Bram dans la paroisse de Saint-Préjet d'Allier, acquis en 1584, celui-ci, comme les deux moulins du plateau gévaudanais, était accompagné d'un domaine, il en avait les mêmes caractéristiques. Ils étaient tous les deux loués[71].

De son mariage avec Antoinette de la Villate, Antoine de Dorette n'eut qu'une seule fille qui est devenue son héritière : Claude de Dorette s'était alliée en 1570 à Pierre de Chabades. Ce dernier n'a pas marqué la seigneurie hormis de donner naissance à une autre fille Clauda, qui épousa en 1585, noble Louis Suat de Chavagnac[72] (1545-1625).

---

71   Voir chapitre précédent.
72   Dit de Chavagnac.

Figure 9 : Les seigneurs de Meyronne : la famille de Tailhac
à la famille Suat de Chavagnac dit de Chavagnac

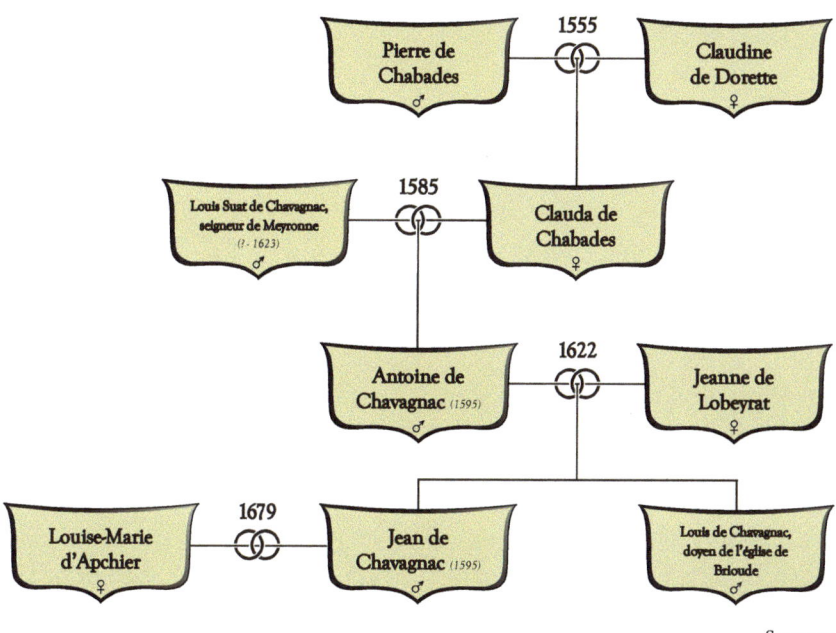

Source :
Généalogie réalisée par l'autrice

En 1601, Louis de Chavagnac, seigneur de Meyronne, avait acheté les droits de directe seigneurie et de justice pour la somme de mille cent soixante-quinze écus[73] à noble François de Guilhem, seigneur de Veyrières, qui détenait des possessions dans les villages du Meynial, de Giberges, de Pontajou, Le Mont de Giberges, Le Mont de Cubelles. Le seigneur de Veyrières, encore mineur, était assisté de noble Antoine de la Veyssière, son curateur.

Un an plus tard, Louis de Chavagnac a rétrocédé une partie des terres achetées situées à Giberges, à Pontajou et au Mont de Giberges à

---

73   AD 43, 24 J art 438.

Claude de Chastel, seigneur de Servières. Ces terres étaient accompagnées de quelques autres biens lui appartenant. Étaient concernés les villages de Giberges (13 pagésies), Pontajou (28 pagésies) et Le Mont (11 pagésies)[74]. À Pontajou, Louis de Chavagnac conservait le moulin à farine exploité par Jean Olier fils à Pierre.

Cette vente passée devant le notaire royal Mazaudier demeurant à Saugues entre noble Louis de Chavagnac (vendeur) et noble Claude Chastel, seigneur de Servières) était d'un montant de quinze cent livres[75]. Le reçu est daté du 26 octobre 1606. *(Document 6, annexé)*

Ensuite, Louis de Chavagnac s'est préoccupé de donner une solide formation à ses fils susceptibles de lui succéder. Dans un contrat d'embauche, en date du 10 mai 1604, maître Martin Claude Meyronneinc, licencié en droit et étudiant au Puy, fut embauché comme précepteur et il fut chargé par Louis de Chavagnac, d'héberger, de nourrir, d'instruire et d'éduquer ses deux fils Jean et Antoine au collège des pères jésuites au Puy. Le contrat était d'une durée de cinq ans. Le précepteur était payé par Jehan Maigre, locataire d'une métairie appartenant à Louis de Chavagnac située au Villard paroisse de Saint-Germain-Laprade[76]. Le montant de ce contrat était de cent livres en argent, dix setiers de seigle, un demi-quintal de beurre et un demi-quintal de fromage et un pourceau gras de six livres pour chaque année. Si l'un des fils arrêtait ses études pour une raison quelconque, le paiement serait de soixante-quinze livres. De plus, une jument était confiée à Me Meyronneinc, elle était logée et nourrie par le locataire de la métairie[77].

Ce fut son fils Antoine Suat de Chavagnac (1595-) qui lui succéda. Celui-ci épousa le 1er juin 1622 Jeanne de Lobeyrat (-1678). Ils eurent douze enfants dont seulement trois survécurent : Louis (1629-) qui entra

74   AD 43, 24 J art 441.
75   AD 43, 3 E 420, art 4, 2ème cahier.
76   AD 43, 3 E, Archives Almanach de Brioude.
77   BMIU, Clermont-Ferrand (63), ms. 985, Fonds Paul Le Blanc. Acte reçu par Me Claude Dorlhac, notaire au Puy en date du 21 septembre 1602.

dans les ordres ainsi que Françoise (1641-) et Jean (1634-vers 1704)[78]. Antoine, nouveau seigneur de Meyronne, bénéficia d'une vigne située à la Coste de Saint Cirgues, léguée par testament par Antonie de Chavagnac fille à Jeanne Janzac et Jean Suat de Chavagnac[79].

Parmi ses enfants, ce fut Louis, comte-chanoine et doyen de l'église Saint-Julien de Brioude qui hérita du titre de Meyronne et de Montmonadier.

Encore une fois, le devenir de cette seigneurie s'est trouvé en difficulté. Quelle décision prit Louis, le seigneur en titre afin d'assurer la pérennité des biens hérités ?

---

78   Les dates de naissance des enfants d'Antoine Suat de Chavagnac et de Jeanne de Lobeyrat sont soigneusement notées pages 3 et 4 du terrier de Meyronne élaboré de 1571-1573 par le notaire Langlade à la demande d'Antoine de Dorette.
79   BMIU, Clermont-Ferrand (63), ms. 985, Fonds Paul Le Blanc.

– 9 –

Une alliance régionale avec une famille renommée et fortunée : les Apchier[80]

Louis, comte-chanoine, doyen de l'église Saint-Julien de Brioude, seigneur de Meyronne, le 18 janvier 1676, se désista en faveur de son frère Jean de Chavagnac (1630-vers 1704), seigneur de Montmonadier. Il transféra les titres qu'il détenait comme seigneur de Meyronne, la Brousse, Poursanges, hérités de seigneur Antoine de Chavagnac, leur père[81], assurant ainsi une succession à la seigneurie de Meyronne au sein de la famille de Chavagnac.

Françoise, épousa, le 22 février 1672, Nicolas-Jean de Malbec de Montjoc seigneur de Briges.

Jean, désormais héritier du titre et des terres, épousa, le 3 juin 1679, Marie-Louise d'Apchier (-1693) fille de Philibert-Christophe d'Apchier, seigneur et baron de Margeride, La Garde, Thoras, Besque, Charraix et Aubenas et de Marie de la Rochefoucault. Mariage prestigieux pour Jean de Chavagnac qui allait lui apporter d'autres possessions, en épousant une Apchier, il fit une bonne affaire. Elle apporta dans sa dot, une résidence bien plus confortable que le château antique de Meyronne dans lequel, dès lors ils résidaient : le château d'Aubenas, paroisse de Tailhac, à proximité de Meyronne. Ce dernier était accompagné d'un domaine auquel s'ajoutait le domaine du Crépoux commune de Pinols.

---

80   CHEVASSUS G. « Les Apchier en pays sauguain : mythes et réalités « , in *Les dossiers de Montchauvet*, ISSN 1630-134 X, volume, 2005.
81   BMIU, Clermont-Ferrand (63), ms. 985, Fonds Paul Le Blanc, acte reçu par Torrent notaire royal à Saugues.

Un autre train de vie s'offrait au seigneur de Meyronne moins rude et plus luxueux : Marie-Louise d'Apchier était accompagnée d'une femme de chambre pour son propre service et d'un laquais pour celui du seigneur de Meyronne. De plus elle disposait d'une litière attelée de ses mules ou mulets entretenus et le seigneur de Meyronne d'une paire de chevaux.

Enfin, Marie-Louise d'Apchier a reçu de ses père et mère la somme de trente-cinq mille livres comprenant la somme requise de mille livres donnée par un parent[82].

---

82   AD 43, 24 J 70, contrat de mariage.

– 10 –

La vie paysanne
au XVIIᵉ siècle

La vie des habitants du territoire était liée à leur participation à la vie du village, à la seigneurie dont leurs terres dépendaient mais aussi à la paroisse.

Les terres de la seigneurie de Meyronne n'étaient pas situées dans une seule paroisse, ni dans un seul village. Et au sein du village, tous les habitants ne dépendaient pas forcément d'une seule seigneurie ou institution religieuse.

Dans la paroisse de Venteuges, seulement quelques villages étaient principalement rattachés à la seigneurie de Meyronne. D'autres pouvaient en dépendre pour quelques terres ou l'usage de pâture mais être rattachés du Chapître de Saugues, au Couvent Notre-Dame des Chazes ou directement au duché de Mercœur. Le territoire était maillé de possessions seigneuriales ou religieuses diverses et variées, ce qui compliquait un peu la vie communautaire. Parfois même, le sort d'un paysan ou d'un artisan était lié à plusieurs propriétaires : seigneurie de Meyronne, seigneurie de Servières, chapitre de Saugues, duché de Mercœur tels que le montre la confrontation des différents documents disponibles ainsi que les différentes ventes de terre d'une institution seigneuriale ou ecclésiastique à l'autre.

Au sein de la communauté villageoise, les habitants devaient vivre ensemble afin de gérer, au mieux, les biens communs au village : four, métier à ferrer, lavoir, partage des eaux d'irrigation, nuits de fumature*. Ensemble, ils faisaient face aux évènements de la vie (accidents, décès, handicaps) mais aussi à la précarité et à la pauvreté. Les testaments encore disponibles témoignent de la prise en charge des pauvres notamment par les dons de cartons voire de setiers de seigle distribués, sous forme de pains, lors des funérailles d'un des membres de la communauté.

De plus, la gestion de l'eau pour l'irrigation des parcelles cultivées et, donc des droits d'eau entre voisins, contribuait à organiser la vie commune : chaque bénéficiaire pouvait prélever l'eau à son avantage, une journée ou plus dans la semaine en fonction du nombre de participants au tour d'eau. Cela relevait souvent de la gestion coutumière, mais parfois des contrats étaient établis comme celui passé, le 29 avril 1646, entre Jean Charrade et Jean Paysat, laboureurs à Sauzet. Jean Charrade devait prendre l'eau nécessaire au Ménial-Borie et Paysat à la fontaine dudit Charrade[83].

Leur vie était aussi rythmée par leur participation à la vie de la paroisse : participation à la fabrique*, assistance à la messe, aux vêpres et à l'adhésion aux différents actes marquant l'appartenance à la religion catholique (baptêmes, mariages, funérailles). C'était la paroisse qui tenait les registres de l'État-civil.

Dans son essai à propos du règne du roi Louis XIV, Pierre Goubert a montré que les chefs de famille avaient trois problèmes à résoudre : assurer la subsistance de leur famille, payer les impôts et les taxes lorsque cela s'avérait possible et accroître l'étendue de leurs terres[84].

Les difficultés à nourrir sa famille engendrent la pauvreté voire la misère.

Lors de ce siècle, les incidents climatiques rajoutaient de la précarité pour les familles : aux années froides et humides du début du siècle ont succédé des années de canicule (surtout de 1635 à 1639) auxquelles ont

---

83   AD 43, 3 E 488, art 2, 5ème cahier.
84   GOUBERT P., *Louis XIV et 20 millions de Français*, Livre de Poche Pluriel, Fayard, 2010.

suivi d'autres années froides et humides[85].

Les années 1690 et suivantes furent marquées par des hivers rudes très enneigés, une pluviosité importante à l'automne, les récoltes et les semailles ont été complètement ratées ; une grande famine sévit en 1693. Les années 1690-1699 furent les plus froides que l'on ait connues[86]. De ce fait le système agraire existant n'a plus rempli son rôle de nourrir les familles, de plus, le prix des céréales a fortement augmenté. L'abbé Fabre a fait largement état de nombreuses victimes liées à la famine et au froid durant cette décennie[87]. De fait, il s'agissait d'une dégradation générale des conditions de vie : mauvaises récoltes, mortalité importante d'animaux.

Aux conditions de vie difficile, les aléas climatiques perturbant les cycles de culture induisaient des pertes de nourriture ou d'animaux parfois importants qui nécessitaient l'achat de nourriture dans l'attente de la prochaine récolte.

Il fallait de plus compter avec les pénuries de sel[88]. Le mandement de Saugues auquel appartenait la seigneurie de Meyronne comme la partie nord du Gévaudan était confronté à des problèmes d'approvisionnement en sel en provenance du sud de la France. Le sel était trafiqué au sein des greniers ou *regrats* : il était mouillé pour en augmenter le poids, de la terre ou du pain brûlé y étaient ajoutés. Les « *regratiers* » ou les muletiers vendaient du sel fabriqué par des faux-sauniers à partir de la saumure de récupération[89]. Les animaux souffraient de ce manque de sel et dépérissaient[90].

De même, le paiement du cens au seigneur en argent et en nature ne pouvait se faire dans les délais prévus et celui des dots était problématique, ce qui engendrait la recherche de solutions qui s'avéraient onéreuses car des intérêts et frais notariés pouvaient se greffer à la dette initiale la ren-

---

85   LEROY-LADURIE E., *Histoire du climat depuis l'an mil*, Flammarion, Champs histoire, Tome 1, pages 157 et suivantes, 2009.

86   LEROY-LADURIE E., *33 questions sur le climat*, Fayard, Pluriel, 2010.

87   FABRE F., *op. cité*, pp. 192-194.

88   Le mandement de Saugues est situé dans la zone dite de « petite gabelle ».

89   BEAULIEU E.-P., *Les gabelles sous Louis XIV*, p. 146, Paris, 1903.

90   FABRE C., *op. cité*, *Almanach de Brioude*, 2017.

dant encore plus insupportable.

Voici quelques exemples :

En 1601, Pierre Bachellier de Venteuges devait la somme de cent trente livres et cinq sols à Jean Laurens du Ménial[91], ce n'était pas une petite somme. Comme l'église réprouvait l'usure[92], des solutions acceptables devaient être trouvées sous forme d'achat de rente, d'échelonnement de la dette ou d'obligations hypothécaires.

Ainsi, en 1612, Me Jean Chabanel, notaire royal, transformait la somme de trente livres due par Pierre Vidal, laboureur au Rouve, en rente annuelle d'un montant de trente-six sols six deniers[93]. Cet exercice n'était pas pratiqué par les seuls détenteurs d'un pouvoir (seigneur, notaire, marchand, etc.), il pouvait l'être de la part d'un voisin ou d'un parent à qui de l'argent était dû.

Un calendrier d'un paiement étalé de la dette a été trouvé, en cette année 1645 pour Guillaume Malnourit. Laboureur au village de La Rouveyre, il devait la somme de vingt-une livre à Vidal Jacme comme lui laboureur au Rouve. Ne pouvant la payer intégralement, le remboursement a été étalé : six livres le jour de la Sainte-Catherine précédent, sept livres le jour de la Sainte-Madeleine en juillet, et le solde l'année suivante[94].

Parfois, le remboursement s'avérait plus délicat que prévu initialement. Pour Pierre Moussier du village du Rouve, une autre solution a été envisagée. Il avait emprunté au début des années 1630 la somme de soixante-six livres. Une obligation hypothécaire a été contractée de ce montant. Une dizaine d'années plus tard, en 1646, la somme restait due. Alors, après une conciliation devant notaire et quelques frais supplémentaires (6 livres), l'obligation a été transformée en rente casuelle d'un pré d'une contenance d'une charretée de foin à prendre chaque année lors de

---

91   AD 43, 3 E 420, art 6.
92   FONTAINE L., op.cité.
93   AD 43, 3 E 420, art 6.
94   AD 43, 3 E 488, art 1, 1er cahier.

la fenaison[95]. Le montant de l'intérêt n'était que rarement signifié dans les actes.

Mais lorsque la famille ne pouvait pas payer le cens dû au seigneur du lieu pour les biens détenus, les récoltes pouvaient être saisies. Ainsi, Jeanne Laurens veuve de Claude Laurens a vu ses biens être mis sous séquestre le 29 août 1696 et ceux-ci étaient sous la responsabilité d'un voisin Vidal Comte[96], laboureur au Ménial-Golfier.

À ces difficultés, s'ajoutaient les taxes royales, seigneuriales et ecclésiastiques.

Les impositions étaient nombreuses et les collecteurs l'étaient tout autant. Au cens payé, il fallait rajouter les différents types de dîme (impôt ecclésiastique mais aussi prélevée dans certains cas par le seigneur), la taille et la capitation, -cette dernière créée en 1695-, étaient des impôts royaux prélevés par des collecteurs dont l'attribution se faisait selon une procédure d'enchères.

La taille et la capitation étaient prélevées pour la paroisse de Meyronne-Venteuges, puisque les actes fiscaux considéraient Meyronne comme chef-lieu de la paroisse. La zone de prélèvement de cet impôt dépassait largement la sphère d'influence de la seigneurie de Meyronne. Les consuls (on pourrait les assimiler aux maires actuels) délivraient les baux de collecte de la taille et autres taxes à un tiers qui pouvait être un laboureur, un marchand, un bourgeois voire un fils de robin*.

Cette pratique, de location de la levée de taille et des autres impôts, introduisait forcément des relations ambiguës, faites à la fois de domination et de dépendance, entre les laboureurs devenus consuls et les autres laboureurs, les marchands, les bourgeois ou les robins. Cela, d'autant que leur nomination aux charges de consul ou de syndic ne résultait pas du fait

---

95   AD 43, 3 E 488, art 2, 5ème cahier.
96   Copie de la requête et contrainte pour Vidal Comte contre Jeanne Laurens du Ménial datée du 29 août 1696, Archives familiales Fabre, le Ménial de Venteuges.

d'être lettré puisque la plupart d'entre eux ne savaient pas signer de leur nom. Seule une minorité savait écrire (Pierre Vallès, Étienne Peyrellier ou Jean-Baptiste Martel).

Le bail de taille était délivré selon une procédure d'enchères, au moins-disant après un affichage à la porte principale de l'église paroissiale plusieurs dimanches d'affilée. Celui qui obtenait le bail, hypothéquait ses biens et pouvait être cautionné par un tiers. La taille était d'un montant de 1270 livres douze sols pour l'année 1650.

En 1670, son montant était de 1292 livres 17 sols 2 deniers. Elle était supérieure à celle prélevée vingt ans plutôt d'environ 22 livres (1,73%). Les gages et les frais étaient inclus dans cette somme, ils étaient d'un montant de vingt deniers par livre. La taille royale a été prélevée par Jean Bonhomme du village de la Fagette et Laurens Vidal du village de Meyronne[97].

En 1700, elle est prélevée par Vidal Comte, laboureur au Ménial-Golfier, Gabriel Freissenet de la Bastide et Antoine Maurin de Meyronne. Les gages des collecteurs étaient de 11 deniers pour livre et comme précédemment elle était prélevée sur 92 chefs de famille. Son montant était de 1916 livres et 17 sols[98]. En trente ans, l'augmentation était de l'ordre de 48 %, ce qui guère étonnant puisque cela correspond au règne de Louis XIV et à l'accumulation des dettes liées notamment aux dépenses militaires.

Dans une situation aussi difficile, comment faire pour conserver son patrimoine et assurer l'avenir de sa famille ?

Préserver et augmenter son patrimoine

Si le seigneur de Meyronne se préoccupait de la croissance de son patrimoine et de sa préservation, les familles de censitaires faisaient de même. Les actes notariés testamentaires témoignent de cette transmission d'un bien à la génération suivante même si celui-ci s'avérait minime.

---

97   AD 43, 1 C art 262.
98   AD 43, 1 C art 2621.

Plus la situation s'avérait difficile, plus la préservation et l'augmentation du patrimoine devenaient une obsession.

La seigneurie de Meyronne se situait dans une zone habituellement connue par une organisation familiale de type « famille souche »* définie par un couple avec enfants résidant avec les parents âgés. L'un des enfants est désigné comme le successeur unique. Cela peut-être l'aîné des garçons mais aussi le plus jeune. Cependant le principe du droit d'aînesse absolue fait de l'aîné, garçon ou fille, le successeur[99]. Cependant, était-ce réellement le cas ?

Dans les familles de laboureurs, de journaliers, de brassiers, d'artisans ou de marchands, le père de famille choisissait son successeur : celui qui était le plus à même d'assurer la pérennité des biens familiaux. Plusieurs exemples montraient que *l'héritier général et universel* – c'est ainsi qu'il était dénommé- n'était pas forcément l'aîné ou un cadet masculin. L'aîné mâle pouvait être jugé incapable et être remplacé par le cadet mineur[100]. En cas d'absence d'héritier mâle, le père pouvait alors préférer un gendre mûrement choisi qui devait travailler à la pérennisation voire au développement des biens détenus, dans le cadre de la pagésie.

Le testament de Médard Meyronnenc, établi le 28 avril 1612, renseignait sur différents points concernant sa famille : il avait un frère prénommé André. Sa femme se nommait Delphine Planchette avec laquelle il a eu plusieurs enfants au moins une fille (Jeanne) et deux fils (Dimenche et Blaize)[101]. Aucun document ne permettait de dire ce que sont devenus Jehanne Meyronnenc et son frère Blaize. Dimenche est devenu l'héritier général et universel. Ce dernier a eu un fils Dimenche et une fille Marguerite mais l'héritier général et universel désigné par le père a été le second mari : Jean Comte. Le document du 10 octobre 1632[102] renseignait sur plusieurs parcelles de terres données à Dimenche par son beau-frère Jean Comte.

---

99   TODD E., *L'origine des systèmes familiaux*, Tome 1, L'Eurasie, NRF essais, Gallimard, 2011.
100   On n'était majeur qu'à partir de 25 ans.
101   Testament de Médard Meyronnenc du 28 avril 1612, Archives de la famille Fabre, le Ménial de Venteuges.
102   Réception entre Jehan Comte et Dimenche Meyronnenc.

Ces terres ont été restituées après le décès de Dimenche par sa veuve Dauphine Paparic non pas à Jehan Comte mais à son fils Médard-Pierre Comte, nouvel héritier général et universel. Les terres données en dot, revenaient dans la famille lorsqu'il n'y avait pas de descendance.terres ont été restituées après le décès de Dimenche par sa veuve Dauphine Paparic non pas à Jehan Comte mais à son fils Médard-Pierre Comte, nouvel héritier général et universel[103]. Les terres données en dot, revenaient dans la famille lorsqu'il n'y avait pas de descendance.

Médard-Pierre a eu au moins un fils qui a hérité : Vidal Comte (décédé le 11 mai 1712)[104], il avait épousé Catherine Chassein (décédée le 12 juin 1732)[105]. Il a été collecteur de la taille pour la paroisse de Meyronne-Venteuges et a joué un rôle de médiation entre le seigneur de Meyronne et des censitaires en difficulté[106]. Vidal et Catherine ont eu plusieurs enfants, mais Vidal Comte a préféré un gendre comme héritier général et universel à son propre fils, Jean Comte. Jacques Roland ou Rouland (on trouve les deux écritures du nom), originaire de Pompeyrin, gendre et héritier de Vidal Comte, a accepté devant le Tribunal de Brioude de verser à Vital Brunel, marchand, la somme de cent douze livres dues par son beau-frère Jean Comte. Jacques Rouland avait déjà versé quatre-vingt-quinze livres à la place de ce dernier[107]. Jacques Rouland a été désigné comme habitant du Meynial de Venteuges en 1736[108] et comme censitaire du seigneur de Meyronne en lieu et place de Vidal.

L'objectif chez la noblesse comme chez les roturiers était de transmettre le patrimoine transmis par les générations précédentes mais aussi de l'accroître.

---

103   Document de rémission en date du 22 avril 1642. Archives de la famille Fabre, le Ménial de Venteuges.
104   Archives paroissiales de Venteuges.
105   *Ibidem.*
106   Copie de la requête et contrainte pour Vidal Comte contre Jeanne Laurens du Ménial daté du 29 août 1696, Archives familiales Fabre, le Ménial de Venteuges.
107   Acte du Tribunal de la Juridiction de Brioude le 30 avril 1726. Archives de la famille Fabre.
108   AD 43, I J 6.

Comment faisaient les roturiers lorsqu'ils voulaient accroître leur patrimoine ?

Plusieurs solutions s'offraient à eux : agrandir les terres cultivables par l'échange pour les rendre plus productives, acheter de nouveaux droits à produire auprès du seigneur, ajouter une activité supplémentaire aux activités déjà pratiquées.

Après avoir procédé à un morcellement du foncier, afin de donner un peu de terres à tous les enfants mâles, dès le début du XVIe siècle, des regroupements de parcelles ont été faits dès que cela s'avérait possible, comme nous l'avons vu précédemment.

Il n'était pas rare de trouver un pré contenant deux charrettes de foin ou un champ deux cartons de terre. Les plus grandes parcelles n'excédaient pas une sétérée (environ 1 ha 67). Certaines d'entre elles étaient encastrées au milieu de parcelles des voisins.

Dans les champs de petites dimensions, la préparation du sol avant l'ensemencement ne pouvait se faire que manuellement : à la bêche. Même si les laboureurs possédaient des bœufs de labour et un araire, encore fallait-il que la parcelle soit suffisamment étendue pour y accéder. Ce travail du sol à la bêche était long et pénible, d'autant que le sol était pierreux. Le sol, granitique, peu profond, amenait en permanence des pierres à la surface que les laboureurs enlevaient régulièrement, ce qui permettait la construction de murets servant de délimitations entre les parcelles et donnant au paysage un aspect particulier, -murets toujours existants au XXIe siècle dans certaines parcelles-. Pour ce travail du sol, la main d'œuvre familiale devait être nombreuse.

Les exemples de cette préoccupation d'agrandir sa sole* pour la rendre plus apte à être travaillée, étaient nombreux. En 1632, 1637 et en 1659, la famille Comte du Ménial-Golfier a fait des échanges de terres avec des voisins, pour regrouper des parcelles afin d'accroître leur surface[109] et

---

109   Archives de la famille Fabre.

de pouvoir les travailler avec une paire de bœufs et un araire. Le 5 mai 1645, Vidal Jacme dit Chapuzac, laboureur au Rouve, a acheté le droit d'exploiter un champ appelé La Coste contenant une cartonnée de terre jouxtant ses parcelles pour le prix de dix livres payables au seigneur de Meyronne[110]. Le 30 avril 1648, Laurens Tremoleyre habitant la Soucheyre a vendu le droit d'exploiter à Martin Ollier du même lieu un champ situé au terroir appelé le Pouget, jouxtant des terres de l'acquéreur, d'une contenance de deux cartons de terre pour un montant de cinquante-quatre livres payables au seigneur[111].

Cette même volonté existait pour les échanges de pâture et de prés. Ils permettaient d'accroître la surface en herbe afin d'augmenter le stock de foin pour l'hivernage. Avoir plus de foin, c'était aussi posséder plus d'animaux à l'étable. Cela permettait de disposer du fumier en suffisance pour fertiliser les soles, mises en céréales à l'automne pour le seigle, et au printemps pour l'avoine. Le 10 janvier 1630, Laurent Delclaux, laboureur à La Soucheyre, a vendu le droit d'exploiter sa part d'un sous-bois qu'il avait en partage avec ses fils et son beau-frère dénommé Montet appelé Lacombe, indivision héritée du passé. La transaction a été faite moyennant la somme de dix-neuf livres payables au seigneur de Meyronne[112]. Ou encore le 8 janvier 1644, Jean Couston dit granilhas, laboureur à Sauzet, achetait le droit d'exploiter une buge* appelée Frideyre située sur le terroir du Ménial-Borie, - lieu-dit aujourd'hui disparu-, à François Barthélémy habitant à La Soucheyre. Cette buge contenait trois cartons de terre et elle a été payée dix livres[113]. Là, une parcelle échangée était avec celle d'un habitant du village voisin, mais l'éloignement d'un côté et la proximité de l'autre rendaient possible cet échange. Son voisin, Jean Charrade, laboureur à Sauzet, a acheté, en 12 mai 1645, les fruits d'une pâture (autrement dit le droit de faire paître) appelé le Cros de Moleyre , contenant deux cartonnées. La transaction ne fut valable que pour l'année en cours. Elle commençait le 12 mai pour se terminer pareil jour en l'année suivante, en

---

110   AD 43, 3 E 488, art 1, 2ème cahier.
111   AD 43, 3 E 488, art 2.
112   AD 43, 3 E 488, art 142, p. 13.
113   AD 43, 3 E 488, art 1, 1er cahier.

1646. La transaction fut validée pour un montant de douze livres[114].

C'étaient aussi parfois des terres dont les droits seigneuriaux avaient été acquis par le seigneur de Meyronne à d'autres. Ici, il s'agissait d'un bien ayant appartenu à l'abbaye de Pébrac. Le 17 juin 1646, Jean Couston dit Granilhas, laboureur à Sauzet, a acheté le droit d'exploiter une buge sise au terroir du Menial-Borie contenant cinq cartons terre qui jouxtait une buge appartenant déjà à l'acquéreur. Cette buge était exploitée par Jean Paghe laboureur à Sauzet. La transaction s'est faite pour un montant de seize livres[115].

Enfin, le 24 avril 1650, le droit d'exploiter un jardin à chanvre a été acquis par Jeanne Paghe de Sauzet à Jacques Veysseire du Mazel. Ce bien dénommé Lort de Séguy était situé sur le terroir du Mazel, c'est-à-dire dans le village voisin. Il contenait deux cartons de cheneveux (graines de chanvre). Le montant de la transaction a été de trente-trois livres qu'elle a payé à noble François de Fortunye seigneur des Salettes et de la Mudat[116], propriétaire du bien en question.

Le montant de la transaction dite parfois « *monnant du seigneur* », ou droit de lods était largement supérieur au cens donné. C'était un investissement important dont l'amortissement s'effectuait sur plusieurs années.

Malgré le besoin important de main-d'œuvre, pour assurer le travail quotidien nécessaire à la survie de la famille, certains membres cadets d'une fratrie partaient car la pagésie était trop petite pour assurer le minimum vital pour toute la fratrie. Parmi eux, certains se louaient comme journaliers ou bergers. D'autres souhaitaient construire une famille, et dans le village, cela s'avérait impossible : il n'y avait plus de terres disponibles. Ainsi, Jacques Couston natif de La Soucheyre et vivant à Villeneuve, paroisse de Saugues a loué une métairie, le 1er septembre 1641 à Isabeau de Bénistant, veuve de Médard Julien, notaire royal à Saugues. Le contrat de location a été passé, le 26 avril 1647, seulement lors du renou-

---

114   AD 43, 3 E 488, art 1, 2ème cahier.
115   AD 43, 3 E 488, art 1, 4ème cahier.
116   AD 43, 3 E 488, art 1, 7ème cahier.

vellement, pour une durée de six ans et de six récoltes. Il en fut de même pour Vidal Bourre habitant Le Rouve, qui a loué le 18 février 1605, une petite métairie comprenant maison, grange, champs, pâturages et jardins pour dix livres en argent et quatre cartonnées de seigle. Le tout payable lors de la fête de Saint-Michel[117]. Le tenancier du bien était Jehan Jehan greffier de Meyronne, lui-même censitaire du seigneur de Meyronne. Il s'agissait d'un cas typique de sous-location.

Par ailleurs, les actes notariés témoignent de la partie émergée d'une situation dans laquelle s'entremêlaient et se combinaient diverses activités. Cela est avéré à la fois pour les bourgeois, marchands ou artisans comme pour tout autre individu décrit comme laboureur, journalier, brassier ou travailleur.

L'absence d'état-civil entre 1605 et 1736 a rendu un peu compliqué la connaissance de la profession des chefs de famille durant cette période pour la paroisse de Meyronne-Venteuges.

Un moyen de faire face à la misère : varier les sources de revenus.

À la fin du XVIIe siècle, Sébastien Le Prestre, marquis de Vauban dans son « *Projet de dîme royale* », constate que pour vivre les habitants doivent exercer plusieurs activités complémentaires :
« *Parmi le même peuple, notamment celui de la campagne, il y a un très grand nombre de gens qui, ne faisant profession d'un seul métier en particulier, ne laissent pas d'en faire plusieurs très nécessaires, et dont on ne saurait se passer* » [118].

De fait, les activités au sein de la tenure étaient multiples. Les testaments répartissant la succession du chef de famille qui, lui-même, était l'héritier principal et universel de son père, désignaient l'héritier général

---

117   AD 43, 3 E 420, art 3.
118   LE PRESTRE, S., marquis de Vauban, *Projet d'une dîme royale*, transmis anonymement au roi, Impression par le sieur Lamoignon de Courson, intendant de Rouen, page 97, 1707, BNF-Gallica.

et universel, celui sur qui reposait la transmission du patrimoine, mais aussi les donations aux autres membres de la fratrie ainsi qu'à l'épouse survivante. Les filles, en particulier, recevaient dans leur dot, - qui leur était accessible à leur majorité (25 ans) ou lors de leur mariage -, une petite somme d'argent, souvent deux robes, deux ou trois draps mais toujours une vache pleine ou avec son veau et deux brebis pleines ou avec leurs agneaux. À l'épouse, le chef de famille garantissait une chambre dans sa maison, du seigle nécessaire pour sa consommation ainsi que l'accès au bûcher[119]. Dans chaque structure agricole, il y avait des vaches et des moutons, ce qui permettait d'avoir du lait pouvant être transformé en fromage comme en atteste le paiement du cens dans certains villages.

La laine des moutons est transformée : les femmes lavaient, cardaient, filaient et tricotaient la laine. Le filage et le tricotage pouvaient se faire lors du gardiennage des porcs ou des oies sur les communs du village ou des bovins sur des parcelles plus éloignées du village. Le tissage était une tâche pénible à réaliser, les hommes s'en chargeaient pendant la période hivernale. En 1698, Lamoignon de Basville, intendant du Languedoc, de l'industrie lainière en Gévaudan écrit au Roi : « *Il n'y a point de paysan qui n'ait au moins un métier chez lui où il s'occupe tout le temps qu'il n'emploie pas à cultiver la terre, et surtout pendant les hivers, qui sont longs dans les montagnes où les neiges durent six mois entiers. Les enfants y filent la laine dès l'âge de quatre ans et il n'y a personne qui ne soit occupé. A la vérité leurs gains sont très petits, les fileuses ne gagnent que deux sols et les meilleurs tisserands huit sols ; c'est la raison pour laquelle ces manufactures ne peuvent se communiquer aux provinces voisines dont les habitants ne sauraient se passer à un si petit profit : c'est aussi pourquoi ces étoffes que l'on nomme cadis se vendent si bon marché, les meilleures ne valent que douze sols l'aune[120]* ».

Ces pièces, dénommées « *ratay* », étaient utilisées pour l'usage de la maisonnée, et le surplus était vendu lors des foires à Saugues. Elles pouvaient aussi être échangées comme monnaie d'échange contre un bien

---

119   AD 43, 3 E 488, art 138, pp. 36-37 ; 3 E 488, art 138, pp. 45-50 ; 3 E 488, art 2.
120   LAMOIGNON de BASVILLE, N., intendant en l'année 1621 (1601-1700), *État du Languedoc*, pages 277-278, Gallica.BNF.fr / Bibliothèque Carré d'art / Nîmes. Ms.

nécessaire lorsque les liquidités manquaient pour l'acheter[121]. Selon l'Intendant du Languedoc, au début du XVIIIe, c'étaient des activités peu rémunératrices : « *les cadis se vendent, les meilleurs, à 12 sols et les autres à 10 sols l'aune, les surges et ruches un peu plus chers, lesdites manufactures ne laissent pas de produire plus de deux millions, et ces petites étoffes sont portées en Suisse, en Allemagne, sur la cote d'Italie, et Malte jusqu'en levant* ».[122]

Avoir du bétail permettait de fertiliser les parcelles destinées à la culture du seigle et de l'avoine. Il y a tout lieu de penser que le système de parcage des ovins la nuit sur les parcelles avec le gardiennage fait par le berger commun au village était déjà pratiqué à la fin du XVIe siècle. Souvent, ce berger était le cadet d'une fratrie du village.

Ce système d'activité était pratiqué par l'ensemble de la population paysanne. Mais, un système plus complexe pouvait se dégager lorsqu'en plus du troupeau en propriété s'ajoutaient des animaux pris en pension. Cela exigeait une disponibilité de pâturage importante et ne s'avérait possible que si le protagoniste disposait de plus de pâtures ou de prés. Cela constituait une motivation d'achat de nouveaux droits à faire paître.

À ces activités, pouvait se rajouter le travail du bois comme la fabrication de fléaux pour battre le seigle afin d'en séparer le grain de l'épi, et celle de sabots façonnés par les hommes pendant l'hiver. Ils servaient à chausser toute la famille mais pas exclusivement. Ces deux objets étaient vendus le jour du marché, le vendredi, à Saugues ou mis en dépôt-vente, chez un sabotier qui acceptait de vendre pour autrui comme Pierre Amant. La paire était vendue à la fin du XVIIIe siècle environ dix sols[123].

Il était communément admis que les laboureurs et les ménagers possédaient des animaux de trait : une paire voire deux paires de bœufs de

121   FABRE C., « La pluriactivité aux XVIIIe et XIXe siècles : de la survie à l'enrichissement en Margeride », in *Histoire Sociale Haute-Loire*, pp.181-214, n°12. Éditions de la Flandonnière, 2021.
122   LAMOIGNON de BASVILLE, N., *op.cité.*
123   AD 43, 3 E 488, art 79, acte 58.

labour[124]. Pourtant, selon les minutes notariales, des journaliers, des brassiers ou des travailleurs possédaient des animaux de labour. Les nombreux exemples ont conduit à se demander si les distinctions apparentes entre laboureurs et le reste de la société étaient si marquées. Leurs inventaires ont fait apparaître une composition similaire du cheptel dont la valeur oscillait entre quatre cent quatre-vingt-dix-huit livres[125] et cinq cent trente-cinq livres[126]. La seule différence était que les journaliers, les travailleurs ou les brassiers travaillaient pour autrui qu'il soit fermier, laboureur ou ménager dont l'outil de travail était un peu plus important. Il s'avérait possible qu'ils mettent à disposition leurs animaux de trait contre rémunération.

Jean Veisseire, brassier à Venteuges, sabotier à ses heures détenait de la seigneurie de Meyronne une petite ferme sur laquelle il pratiquait une petite production céréalière et, pour laquelle il payait un cens en seigle et en avoine[127]. N'ayant pas d'argent pour investir dans du bétail, son cheptel était détenu en bail précaire. Il se composait d'une paire de bœufs, deux vaches, une jument avec son poulain et un cochon qui appartenaient à Annet Prolhac, bourgeois habitant Bénistant, censitaire du prince de Conti, duc de Mercœur[128]. Marie Couston, sa femme filait la laine : elle possédait deux tours à filer. Le mari, Jean, pratiquait aussi le métier de forgeron (enclume, marteaux) et de maréchal-ferrant[129]. Un savoir-faire particulier était exigé et il devait acheter la matière première : le fer.

Enfin, certains alliaient ces activités décrites à d'autres : une activité de meunerie comme Ollier à Pontajou et il employait du personnel afin de s'occuper des troupeaux ou être charpentier à l'exemple de Jacques

---

124   SOULIER B., « Aperçu de la société rurale en Gévaudan au temps de la Bête (1764-1767), in *Histoire Sociale Haute-Loire*, n°4, p. 182, 2013.
125   Archives de la famille Brunel, dépôt de P. Tranchecoste à l'association « Montchauvet Archéologie et Patrimoine », inventaire de Dominique Brunel, ménager au Bouchet paroisse de Thoras, 9 avril 1751.
126   Archives famille Fabre, le Ménial 43170 Venteuges, testament de Joseph Cubizolles, laboureur à Anglard paroisse de Venteuges, acte notarié Torrent, 1743.
127   AD 43, 1 E 145, Liève des cens, seigneurie de Meyronne, 1738.
128   AD 43, 1E art 314, Terrier fait pour le prince de Conti devant me Bonhomme notaire en 1757.
129   AD 43, 3 E 424, art 44, p. 234.

Couston, laboureur en 1629 à Sauzet[130].

Les familles de laboureurs et de ménagers ne dérogeaient pas au système précédemment décrit. De plus, comme nous l'avons expliqué précédemment, certains laboureurs étaient élus à la charge de consul, fonction à la fois sociale et lucrative ou de collecteur d'impôt : comme Jean-Pierre Vallès à La Besseyre-Saint-Mary[131] et Vidal Comte à Venteuges.

Dans les villages, certains habitants avaient pour activité principale l'artisanat. Ils étaient maréchal-ferrant, tisserand, fileuse, voiturier ou même marchand de profession. Ils développaient parallèlement une activité agricole plus ou moins importante.

Même les artisans pratiquaient plusieurs activités.

Dès le XVᵉ siècle, les différents corps de métiers liés à l'artisanat étaient organisés en confrérie : la plus nombreuse, celle des tisserands, dont les membres pratiquaient aussi dans les villages, s'étaient organisés en confrérie. Elle était placée sous le patronage de Sainte Anne. Cette confrérie possédait une croix de procession et avait fondé une messe annuelle (26 juillet) avec diacres et sous-diacres[132]. Les activités liées à la transformation de la laine étaient diverses, comme Jean Vilaret, tisserand à Servillanges, paroisse de Venteuges, qui laissait, à son fils Jean, une paire de métiers à tisser sans garniture et une demi-paire de greniers bois pin de trois moyeux contenant trente-six setiers de seigle[133]. Dans la paroisse de Venteuges, en 1736, dix-huit tisserands et six fileuses[134] sont dénombrés. Ces métiers sont peu rémunérés puisqu'au début du XVIIIᵉ siècle, « *les fileuses n'ont que deux sols par jour, les cardeurs cinq sols, les tireurs de laine cinq sols, les tisserands huit sols* »[135], travaillant comme salariés, ce qui expliquait la nécessité d'avoir d'autres activités pour faire vivre toute la famille.

130   AD 43, 3 E 488, art 141, p. 83.
131   AD 43, 3 E 424, art 96, p. 164.
132   COMBES R., *Erount de Saougues*, n°60, avril-mai 1969.
133   AD 43, 3 E 424, art 60, p. 327.
134   *Idem.*
135   LAMOIGNON DE BASVILLE N., *op. cité.*

La confrérie de Saint-Eloi, dont les festivités avaient lieu le 23 juin, regroupaient des corps de métiers divers : des ouvriers mais aussi des patrons-orfèvres, des bourreliers, des selliers, des forgerons et des taillandiers[136].

Toutes les catégories sociales vivant dans les villages, y compris les marchands, pratiquaient plusieurs activités. Mais était-ce suffisant pour vivre dignement ?

Leur situation allait-elle s'améliorer le siècle suivant ?

---

136   FABRE F., (abbé), *Notes historiques sur Saugues*, p. 130 et suivantes.

– 11 –

Fin de la résidence à Meyronne, revenu diversifié pour les seigneurs et gestion par des fermiers

Le début du XVIIIᵉ siècle, signifiait, avec le mariage de Marie-Louise de Chavagnac en 1710 avec Maximilien II de Chalvet de Rochemonteix, la fin définitive de la résidence par les seigneurs au château de Meyronne. À compter de cette période, le château est devenu la demeure du fermier. De fait, depuis son mariage avec Marie-Louise d'Apchier, Jean de Chavagnac et sa famille résidait principalement, à Aubenas, paroisse de Tailhac, dans la résidence héritée par Marie-Louise d'Apchier, de son père, plus confortable que le château. Ce dernier n'était pourtant pas déserté. *(Document 7, annexé)*

De plus, auparavant, les seigneurs de Meyronne vivaient exclusivement des revenus provenant de leur propriété terrienne, avec le mariage de Marie-Louise de Chavagnac avec Maximilien II de Chalvet de Rochemonteix, d'autres revenus provenaient des activités militaires de Maximilien II.

Une première rupture s'est opérée avec la période précédente, celle où les tenants du titre habitaient dans leur château et vivaient exclusivement du rapport de leurs terres. Le seigneur de Meyronne, dans les périodes précédentes, était, au mieux, soit chevalier comme Louis de Tailhac soit écuyer comme Antoine de Dorette. Dès le XVIIIᵉ siècle, Maximilien II Chalvet de Rochemonteix tout comme Jean-Baptiste Thomas de Domangeville, avait une fonction élevée dans l'armée royale, leur procurant un revenu.

Figure 10 : Les familles Chalvet de la Rochemonteix et Chavagnac

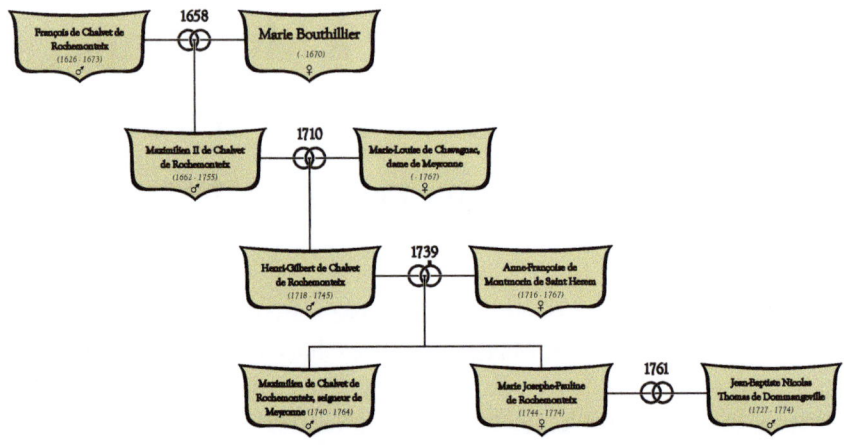

Sources :
Généalogie de Pierfit et AD 43, État civil, contrats de mariage et documents notariés.

Après avoir quitté l'armée, au moment de son mariage, Maximilien II s'intéressa de près à ses domaines y compris à celui de Meyronne. Il examina de près les baux et les terriers. C'est à cette période, qu'un nouveau terrier des terres de Meyronne fut élaboré[137]. Suite au décès de Marie-Louise d'Apchier, un inventaire des biens de Meyronne a été effectué en 1709, par Pierre Amargier notaire royal[138]. *(Document 8, annexé)*

La seconde rupture s'est produite après le décès de Maximilien II en 1725. Dès lors, ce n'était plus le seigneur qui administrait les terres mais des fermiers* gestionnaires que Balzac appelait intendant.

Les terres de la seigneurie de Meyronne avaient été louées, à un fermier Jean-Jacques Torrent, bourgeois, habitant le village de Lavès paroisse

---

137   FABRE F., *op. cité*. Ce terrier en possession de Labretoigne a, aujourd'hui, disparu.
138   AD 43, 3 E 413, art 1, acte 1.

de Venteuges, pour lequel un bail avait été rédigé en 1726[139]. Jean Bony, gérant des affaires de Maximillien II Chalvet de Rochemonteix, avait signé un contrat de location avec Jean-Jacques Torrent, pour un montant de 2230 livres chaque année pendant la durée du contrat (6 ans). Le choix du fermier était effectué sur appel d'offres au moins disant. Il était chargé de récolter « *les cens rentes, fruits et revenus de la terre et seigneurie de Meyronne, droits et devoirs seigneuriaux, dîmes quartz et autres dont les droits de lodz ou demeure compris le mandement de Montmonadier, le Ménial Golphier, les domaines des lieux de Meyronne, le Mazel, le Crépoul (prés, terres culte et incultes, bois, taillis) les moulins de Gouaud et de Desges, maisons, granges, écuries, jardin à viande et à chanvre, vergers* »[140].

Au contrat de location étaient adjointes des clauses particulières. Par exemple, Jean-Jacques Torrent, fermier, s'engageait à donner 2 cartons de seigle par mois à Catherine Chassaing demeurant au château de Meyronne pour sa nourriture et l'entretien. Cette pension débutait le 6 avril 1726 et cessait à son décès.

Jean-Jacques Torrent devait entretenir et réparer le château et les bâtiments des domaines, il disposait d'un budget de 15 livres par an pour ce poste. Il pouvait prendre le bois nécessaire aux réparations dans les bois réservés au seigneur ainsi que celui nécessaire pour fabriquer les chars et les autres outils utiles pour faire valoir le domaine. Arbres auparavant marqués par les préposés du seigneur. Il devait aussi entretenir les bois taillis et les parcelles en faisant les rases nécessaires au drainage des parcelles et l'évacuation de l'eau, etc.

En fin de bail, il devait laisser quatre setiers de seigle ensemencés aux terres de Meyronne ; quatre cartons de blé de mars en grains pour l'ensemencement des terres labourées, fumées et cultivées à cet effet. Le preneur devait laisser tout le fumier des bestiaux la dernière année afin de fertiliser les sols après son départ. De même, il était prévu qu'il rende

---

139   On connaît la teneur du contrat de fermage passé entre les représentants de la seigneurie et des terres de Meyronne. On devine grâce à des actes de la justice seigneuriale ou à des actes se trouvant dans des archives familiales, qu'il existait d'autres fermiers dans la période 1726-1737.
140   AD 43, 3 E 324, art 32, acte 49.

le bétail estimé à une valeur de cinq cent huit livres au total : deux cent quatre-vingt-six livres domaine de Meyronne ; deux cent vingt-deux livres au domaine du Mazel. Pour ceux du domaine du Crépoux un état a été fait ultérieurement dont on ne connaît pas les conclusions. Les fruits du bétail (veaux, agneaux, lait) appartenaient au preneur et étaient inclus dans les 2230 livres d'affermage.

Des contraintes de gestion lui étaient imposées : mise en place d'une liève et récépissés des cens, rentes et autres qui devaient être validés par les officiers ordinaires de la terre de Meyronne. À compter de cette période, ce n'était plus le seigneur de Meyronne qui signait les contrats ou embauchait les fermiers mais des avocats le représentaient.

Mais, d'autres fermiers intervenaient dans la collecte du cens. Jean-Jacques Torrent, fermier en titre, déléguait-il cette collecte à d'autres ? Les actes de la justice seigneuriale faisaient état de dettes de censitaires pour la période de 1726 à 1737 auprès d'au moins trois autres fermiers : lui-même, Jean-Baptiste de Labretoigne sieur du Mazel, François Masson, un certain Montet. Leur attribution semblait territoriale[141]. Jean-Jacques Torrent resta fermier jusqu'en 1768, accompagné par Vital Enjelvin et Pierre Paparic. Cette gestion perdura jusqu'à la fin du contrat de fermage de Jean-Jacques Torrent.

Maximilien II, alors âgé de 82 ans, a alors décidé de faire de Joseph-Maximilien son héritier. Mais, comble de malchance, celui-ci est décédé jeune à l'âge de 24 ans, sans descendance.

Heureusement, avant de partir en campagne, il a testé en faveur de sa sœur[142]. Marie-Josèphe-Pauline hérita donc l'ensemble de la fortune et des biens des de Chalvet de Rochemonteix. La seigneurie intégra les biens du baron de Domangeville, c'est une autre histoire...

Depuis le début du XVIIIe siècle, les terres de la seigneurie de Mey-

---

141   AD 43, 253 B 1-12, Justice seigneuriale et Archives des familles Fabre et Vidal.
142   Archives Almanach de Brioude, *op. cité*.

ronne intégrèrent des ensembles plus vastes. Les revenus fonciers n'étaient plus exclusifs puisque autant Marie-Louise de Chavagnac, que sa petite fille Marie-Josèphe-Pauline de Chalvet de Rochemonteix, épousèrent des seigneurs plus fortunés, possédant des revenus (militaires). Ni l'une, ni l'autre ne vécurent au château de Meyronne mais dans les résidences plus confortables de leur époux respectifs.

– 12 –

La vie paysanne au village : une nouvelle venue, la béate

À compter du début du XVIIIe siècle, un nouveau personnage est apparu au village : la béate appelée aussi « roubiaque » ou sœur. Dès lors, la vie s'organisait autour de deux personnages principaux au service de la collectivité[143] : le berger du village et la béate. Ils étaient tous les deux nourris et logés par la communauté villageoise en contrepartie d'activités bien définies.

Le berger commun du village était le plus ancien à être installé. Il était présent dans chaque village, accompagné de son chien et logeant dans sa cahute en bois *« la tsabone »*. Chargé par l'ensemble des éleveurs, il amenait paître le troupeau du village sur les terres communes, les terres vaines et les bois. Il rentrait le soir, du printemps à l'automne, au village et gardiennait le troupeau dans le champ d'un des éleveurs pendant la nuit dans un parc monté à cet effet afin de fertiliser le sol à cultiver. Le piétinement contribuait à l'enfouissement des déjections. Ces actions s'appelaient les nuits de fumature*. Le berger et son chien dormaient dans la *« tsabone »*.

La condition des bergers pouvait être réglementée et faire l'objet de contrat. Jean Charbonnier, berger, originaire du village du Rouve, était allé se louer ailleurs. Il gardait les troupeaux de plusieurs éleveurs des villages de Védrinettes et de Besseget, villages de la paroisse de Cubelles. Tombé malade, son cas fut examiné devant le tribunal de la seigneurie

---

143   DEPALLE B. et B., concepteur-(trice) du scénario de l'exposition portant sur les différents aspects des métiers liés à la transformation de la laine à « La Lainerie du Gévaudan » située dans les locaux des Ateliers de la Bruyère à Saugues en Haute-Loire.

afin de savoir si un autre berger pouvait être embauché pour le remplacer et dans quelles conditions. Jean Charbonnier, remis de sa maladie, devait reprendre son travail. Au cas où il n'aurait pu, l'embauche d'un nouveau berger ne pouvait se faire avec un gage n'excédant pas quinze livres et la nourriture de deux moutons, puisque c'étaient les conditions dont bénéficiait Jean Charbonnier[144].

Durant toute l'année, en activité ou non, il était logé et nourri par les habitants du village au prorata des jours de fumature. En 1737, la paroisse dénombrait dix-sept bergers[145].

Les béates étaient des filles du village, ou d'autres villages recrutées souvent par le curé. Elles étaient encadrées par une institution religieuse (ordre de Saint-Dominique notamment) bien qu'elles soient civiles.

L'origine des Béates, remontait à la fin du XVIIᵉ siècle, au moment de la création de la congrégation des « Demoiselles de l'instruction de l'Enfant-Jésus » par Anne-Marie Martel (1644-), fille du procureur Martel, demeurant au Puy-en-Velay. En 1665, l'abbé Tronson, directeur du séminaire du Puy-en-Velay, a demandé à Anne-Marie Martel, alors âgée de 21 ans, d'enseigner le catéchisme aux malades, elle fut rejointe par d'autres jeunes femmes[146].

Les missions des béates au village étaient d'enseigner le catéchisme aux enfants, de leur apprendre à lire et à compter et de veiller les malades. Il s'agissait d'une œuvre sociale. Elle habitait une petite maison appelée « la maison de l'assemblée », dans laquelle elle accueillait aussi les enfants.

Ainsi, au village de Lavès de Venteuges, la béate Marie Rouland (1714-1786), était originaire du Ménial-Golfier et elle était la fille de Jacques Rouland, laboureur. Au Ménial-Golfier, Marie-Anne Rougeyron (1708-1753),

---

144   AD 43, 253 B 12.
145   AD 48, C 467.
146   Communauté des Diaconnesses de Reuilly, sœur Anne-Elisabeth, *Les Béates et les assemblées de village dans le département de la Haute-Loire. Contribution à l'inventaire, région du Velay*, Tome 1, volume 1, Editions Créer, 2015.

originaire du lieu, était déjà béate. À Pontajou, c'était Marie Alibert (1751-1781) qui officiait ainsi que Marguerite Charrade (1700-1763) à Sauzet ou encore Jeanne Cubizolle (1721-1781) dans le village de La Révolte et Marie Frayssenet (1716-1776) dans celui de Meyronne[147]. Cette institution a existé jusqu'au milieu du XXᵉ siècle[148].

La vie au village au XVIIIᵉ siècle

La diversification des activités existantes au sein des familles au XVIIᵉ siècle perdurait. Jean-Jacques Rousseau, dans *Émile*[149], constatait qu'il y avait une interpénétration des activités bien que l'artisan ne vivait que de son métier tout en ayant une parcelle de terre. Mais, la difficulté de nourrir sa famille et de payer les droits seigneuriaux n'avait pas cessé d'un siècle à l'autre.

Au cours du XVIIIᵉ siècle, ce sont les archives seigneuriales[150] qui évoquent le mieux des situations de précarité rencontrées par la population. 58,43 % des actes de justice étaient liés à l'endettement des familles (arrérages de cens ou de fermage, dettes liées à des achats de fourniture et de seigle, retard dans le paiement de la taille ou de la dîme, création d'obligations et de rente) ainsi qu'à des procédures d'emprisonnement pour dettes et de bannissement *(Document 9, annexé)*

Ainsi, Jean Ollier, laboureur à La Soucheyre a été condamné par le tribunal, sur réquisition de l'avocat de Maximilien II Chalvet de Rochemonteix, seigneur de Vernassal, à payer le cens dû pour les années 1706 à 1709 et pour l'année 1715, pour un montant total de cent soixante-trois livres auxquelles s'ajoutaient sept livres six sols d'intérêts soit un taux de 5 %. Les frais de justice d'un montant de quatre livres cinq sols étaient aussi

---

147   AD 43, 6 E 286/1-B, 286 1-C et 150/2, mention dans les actes de décès.
148   VINCENT J.-F., « Les Béates, un tiers-ordre villageois en milieu rural », in *La Margeride, la montagne et les hommes*, ouvrage collectif de l'INRA, pp. 257-271, 1978.
149   ROUSSEAU J.-J., *Émile ou de l'éducation*, Tome 1, livre 3, p. 147 ; Tome 2, livre 4, p. 88, http/www.ubac.uquebec.ca/zone30/classiques des sciences sociales/index.html, mis en ligne par Jean-Marie Tremblay.
150   AD 43, 253 B 1 à 253 B 12.

à sa charge[151].

Autre exemple, Jeanne Pannefieu a été autorisée par son mari Jean-Pierre Amant à comparaître, le 23 janvier 1762, devant la justice de Meyronne, pour le cens impayé par son père Jean Pannefieu, laboureur au village de Meyronne, pour les années 1726-1737. La valeur des céréales (seigle et avoine) dues pour cette période s'élevait à un montant de soixante-huit livres neuf sols et six deniers, auquel il fallait rajouter les intérêts d'une somme de soixante livres un sol et quatre deniers soit une augmentation de 88 %. Ils avaient trois jours pour payer à sieur Jean-Louis Torrent, bourgeois et fils héritier de feu Jean-Jacques Torrent, son père, fermier à cette époque de la seigneurie de Meyronne. Comment trouver aussi rapidement la somme totale de cent vingt-huit livres dix sols et dix deniers ? Emprunter mais à qui et à quel taux ? Vendre du bétail, se dessaisir d'une partie des récoltes futures en lui sous-louant un pré ? De toutes les manières des frais supplémentaires allaient encore accroître la dette, comme les sept livres et cinq sols dus au tribunal afin de couvrir les frais de procédures[152]. Ce cas n'était pas isolé. Durant cette décennie, la valeur du carton de seigle oscillait entre trois et six livres alors qu'au moment du procès, ce même carton valait environ deux livres[153].

Même les ménagers avaient des retards dans le paiement du cens, Jean-Jacques Torrent, bourgeois de Lavès, fermier des terres et seigneurie de Meyronne, réclamait pour les années 1726 à 1736 à Joseph Charrade, ménager à Sauzet paroisse de Venteuges, dix-sept setiers et quatre cartons de seigle. Joseph Charrade a eu trois jours pour payer ou s'opposer[154].

Le compte-rendu de la session de 1729 des États Généraux du Gévaudan faisait état de la rareté du blé en Gévaudan qui s'accompagnait d'un prix très élevé à l'achat. De plus, il soulignait « *Ledit sieur Gros, greffier, a dit encore que la mortalité du bétail à laine, qui avait paru cesser pendant quelques temps, s'est ranimée avec plus de vivacité que jamais ; qu'elle est devenue*

---

151   AD 43, 253 B 4, 1er cahier.
152   AD 43, 253 B 8, 2e cahier.
153   AD 43, 253 B 1 à 253 B 12.
154   AD 43, 253 B4 2e cahier.

générale, et qu'on écrit de toutes part, que non seulement les moutons et les brebis périssent, mais encore les agneaux, et qu'on désespère, dans certaines paroisses, de pouvoir en conserver un seul. Surquoy, ledit sieur sindic a été chargé de prendre une connaissance exacte de cette mortalité, paroisse par paroisse, et d'en dresser un état qu'il enverra à M. l'intendant, après l'avoir communiqué à MM les commissaires ordinaires ».[155]

Lors de la session de 1743 de ces mêmes États du Gévaudan, le greffier mentionnait « ledit sieur sindic a dit que, par une déclaration du roy, du 17 septembre 1742, il est fait défenses aux créanciers des communautés et aux créanciers des particuliers qui contribuent aux impositions, même aux collecteurs, de saisir et faire saisir les bestiaux de toute qualité pendant six années, à peine de la perte des dettes contre les créanciers et l'interdiction de 1000 livres d'amende contre les huissiers ou sergent, sans préjudice néanmoins du privilège des créanciers qui auront vendu les bestiaux, ou qui en auront payé le prix, ensemble du privilège des propriétaires des fermes et des terres pour leurs loyers et fermages, auxquels il sera loisible de faire procéder par voie de saisie sur les bestiaux qui seront sur leurs terres appartenant à leurs fermiers, et a requis l'assemblée d'en faire donner connaissance aux communautés, afin qu'on s'y conforme »[156].

Malgré ces mesures, une dette restait due : l'héritier de Jean-Jacques Torrent ne s'était pas trompé lorsqu'il eut connaissance de l'inventaire des sommes dues à son père, au risque de mettre en péril les générations futures.

Durant ces années noires, le mandement de Saugues dont faisait partie la seigneurie de Meyronne perdit une grande partie de sa capacité productive de laine et de fabrication de tissus : « A Saugues qui avait été un centre important de manufactures, la fabrication tomba par suite de la mortalité des moutons et du manque de routes pour amener les laines. Aux environs de 1720 il y aurait eu plus de 7000 métiers dans la région environnante (chiffre évidemment exagéré), en 1752 on n'en trouvait plus que 150 »[157].

155   ANDRÉ, F., Procès-verbaux des délibérations des États généraux du Gévaudan, livre 1729, 1880, Mende.
156   Idem, 1743, p. 172.
157   AD 34, C3 583.

Cette mortalité des animaux est expliquée dans un rapport des États Généraux du Gévaudan. Ils ordonnèrent une enquête minutieuse sur l'état de l'élevage ovin en 1763. Il en ressortait que la laine était moins abondante et de moins bonne qualité car les troupeaux étaient mal nourris et l'état des bergeries était déplorable (non aérées, chaleur étouffante et litières non renouvelées). Le sel distribué auparavant ne l'était plus car les prix avaient augmenté. Ce qui eut pour conséquence de créer des déséquilibres alimentaires dans les troupeaux. Cette augmentation avait été ordonnée par un arrêt du Conseil en mai 1724 afin de punir des actes de contrebandes. Ce constat avait déjà été fait par le Syndic du pays de Gévaudan sur le droit de marques des étoffes dans un mémoire publié en 1734[158].

La difficulté était quotidienne, le moindre achat même très urgent pouvait amener quiconque devant une cour de justice. Ainsi, Jean Condi vivant à Desges, a acheté à Jean Bonhomme, marchand tanneur de la ville de Saugues, une paire de boutes (bottes), d'une valeur de 4 livres dix sols. Cet achat devait être payé par Pierre Marmeisse, laboureur à la Révolte, -ce dernier lui devait probablement de l'argent. Le 15 octobre 1739, l'achat n'ayant pas été payé, Pierre Marmeisse a été assigné par exploit du 5 octobre. N'ayant toujours pas réglé cet achat, Jean Bonhomme, vendeur, a saisi la justice une quinzaine de jours plus tard. Il a été condamné à payer en plus 50 sols (2 livres 10 sols de frais de justice soit une augmentation de 50 %[159].

Même si la situation des familles était précaire, en 1737, Jacques Rouland a construit une partie des bâtiments existants encore au XXIe siècle. La date de ce bâtiment fut découverte lors de la destruction du *montadou**. En 1738, Jacques Rouland devait cent dix-huit livres à François Manson, bourgeois de Grèzes (Haute-Loire), collecteur du cens pour la seigneurie de Meyronne. Cette dette était due à un retard de cens pour une dizaine d'années pour lequel il a signé un acte hypothécaire[160]. Il semblerait qu'il y ait eu négociation entre les deux protagonistes : construction d'un bâti-

158   AD 48, Fonds ROUSSEL, folio 105-114.
159   AD 43, 253 B 4, 1er cahier.
160   Archives famille Fabre.

ment certes hypothéqué contre annulation de la dette.

Figure 11 : Bâtiment de ferme existant au XXIᵉ siècle, l'entrée de la partie habitation est accessible qu'à partir de l'étable

© Delphine Cubisolle, Bugeac (43)

La découverte de cette date sur ce bâtiment n'était que la confirmation d'une mémoire orale transmise de génération en génération. Jacques Rouland ainsi que sa descendance était dénommé « *comte laboureur* »[161], ce sobriquet de Comte est toujours d'actualité au XXIᵉ siècle, pour désigner

---

161   *Idem.*

la maison et ses occupants.

Figure 12 : Cheminée dans la cuisine de cette ferme,
le foyer est à même le sol

© Delphine Cubisolle, Bugeac (43)

Les jugements liés aux problèmes successoraux étaient de l'ordre de 16%. Les recours à la justice étaient souvent dus à l'absence du paiement de la dot lié à un retard ou à des insuffisances de liquidités.

Mais l'obsession de la transmission du patrimoine demeurait. Pour cela, les protagonistes saisissaient la cour de justice pour des procédures longues et coûteuses. Certaines familles s'entre-déchiraient comme la famille Bergougnioux du Rouve. Celle-ci a été en procès pendant plusieurs années au sujet de trois arbres litigieux dans la succession[162], ou de façon plus fréquente, la question de la désignation d'un tuteur ou d'une tutrice en cas de veuvage féminin. Le veuf résolvait sa situation en trouvant une femme plus jeune[163].

Les retards dans les paiements de la dette pouvaient se terminer en prison, Jean Gendre, laboureur au Ménial-Golfier paroisse de Venteuges en fit la cruelle expérience, en 1710, il fallut engager l'avocat Benoît Torrent pour le sortir de cette mauvaise passe. Le juge Gérenton ordonna sa mise en liberté mais il dut payer onze livres de frais de justice en sus de ses dettes[164].

Cependant dans vingt-neuf actes, les saisies sont contestées, ce qui représente 10,4% des cas. Souvent, cela débouchait sur des négociations entre les parties. Jean Charrade, laboureur, habitant à Sauzet, devait un arrérage de rente de dix livres sur les cinq dernières années à Georges Gisquet, marchand habitant à Bergougnoux paroisse de Saugues. Le capital de la rente était d'un montant de deux cents livres. En 1735, il avait été convenu que si Charrade remboursait cent livres lors de la Saint-Michel et le solde à Pâques, les arrérages dus sur les cinq années dernières lui seraient effacés. La convention n'ayant pu aboutir par manque de liquidités, elle fut renégociée et Charrade donna à Gisquet, deux jeunes cochons mais cela était insuffisant pour payer les cinq années d'arrérages[165].

---

162   AD 43, 253 B 4, 2e cahier.
163   FABRE C., « Stratégie de survie des veuves en Margeride (1793-1830) », *Histoire Sociale Haute-Loire*, n°11, 2020.
164   AD 43, 253 B 8, 3e cahier.
165   AD 43, 253 B 3, le 23 juin 1736.

– 13 –

Par accident, la seigneurie devient baronnie

Le 23 mars 1761, Jean-Baptiste Thomas de Pange de Domangeville[166] (1727-1774), baron de Mareuil, âgé de 34 ans, épousa une jeune femme à peine sortie de l'adolescence : Marie-Pauline Chalvet de la Rochemonteix (1744-1774), âgée de 17 ans. Elle avait l'autorisation de sa mère et de son tuteur (Me Claude Jurie).

Dans son contrat de mariage, Jean-Baptiste Thomas de Pange de Domangeville, apportait la terre et seigneurie de Mareuil située en Champagne, évaluée à deux cent vingt mille livres, qu'il pourrait conserver à la fin de sa vie. Le revenu annuel attendu était de onze mille livres.

De plus, comme maréchal général des logis des camps et armées du roi, il percevait un revenu annuel de six mille livres.

Ensuite, il disposait d'un capital d'un montant de soixante mille livres pouvant être investi sous forme de rente auprès du clergé ou auprès des États du Languedoc, qui lui procurerait un revenu supplémentaire.

Enfin, le père du marié a garanti une somme de cent vingt mille livres pour les enfants à naître, au cas où le futur époux viendrait à décéder dans le cadre de ses fonctions militaires.

La future épouse disposait d'une femme de chambre. Les futurs époux bénéficièrent d'une indemnité de cinq mille livres pour le gîte et le couvert. Autrement dit, un beau mariage pour une jeune fille n'ayant

---

166   AD 57, 64 J 19.

qu'une dot tout de même bien fournie.

Mais, le destin s'en mêla...

Marie-Pauline Chalvet de Rochemonteix était mariée depuis trois ans lorsque son frère Joseph-Maximilien décéda.

Désormais, seule héritière, elle apporta en plus de sa dot, l'ensemble des biens des Chalvet de Rochemonteix dont la seigneurie et terres attenantes de Meyronne. Elle bénéficiait, déjà, en propriété et la jouissance des terres de la Terrasse et de Reilhac, situées en Auvergne et affermées six mille livres (la Terrasse trois mille deux cents livres et Reilhac deux mille huit cents livres). Anne-Françoise de Montmorin, dame de Vernassal, légua à sa fille soixante mille livres payables après son décès. Ils mirent chacun en communauté quarante mille livres. Une rente et douaire de six mille livres était prévu en l'absence de descendance ; de quatre mille livres en cas de descendance et elle pouvait accéder au fonds dédié aux enfants. Pendant sa période de veuvage, elle avait droit à mille cinq livres pour frais de logement.

Le survivant pouvait reprendre ses effets personnels. En cas de décès de son frère, elle héritait de ses biens, ce qui fut effectif en 1764.

La famille de Thomas de Pange et leurs relations vivaient soit en Lorraine où ils avaient leur résidence et l'ensemble de leurs biens soit à Paris. Certains membres de cette famille fréquentaient les cercles littéraires proches de Condorcet. *(Document 11, annexé)*

– 14 –

Nouveau seigneur, nouveau fermier et nouvelle gestion

La troisième rupture est intervenue avec l'intégration des biens de Meyronne comme les autres biens en Auvergne dans ceux détenus par la famille de Domangeville. Cette intégration et l'éloignement de la résidence du seigneur par rapport à ses sujets ont engendré des coûts plus importants.

Du fait de l'éloignement, le baron de Domangeville ne connaissait pas la réalité des gens qui dépendaient de lui. Les relations se faisaient par l'intermédiaire d'avocats ou de gestionnaires et de fermiers. Il demandait l'envoi régulier d'argent mettant à mal les finances des seigneuries autant celle de Meyronne que celle de Vernassal, nécessitant une gestion drastique. Afin de combler les déficits, une augmentation du fermage eut lieu et entraîna une dégradation du niveau de vie des censitaires. Le fermier devait se rembourser le loyer payé par la collecte du cens et des dîmes revenant à la seigneurie avec une marge de manœuvre plus étroite. De ce fait, il exerça sur les censitaires une pression plus importante que dans les décennies précédentes. Tout un système de comptabilité et de contrôle se mit en place.

Ainsi, des évaluations financières furent faites avec un suivi annuel. Les livres de compte tenus par Claude Jurie, bailly d'Auzon (Haute-Loire)[167] ont montré une situation financière difficile sur l'ensemble des sites de la baronnie. Une augmentation du fermage fut décidée afin de combler les déficits. Cette évaluation a précédé l'*aveu et dénombrement* des terres de Meyronne *(Document 12, annexé)*

---

167   BMIU, Clermont-Ferrand, Fonds Paul BLANC, ms 661.

Globalement de 1766 à 1773, période durant laquelle nous disposons d'éléments, la seigneurie de Meyronne contribue à une hauteur qui varie de 23 à 16 % des recettes totales. Celles-ci s'élevaient à 32 034 livres annuelles pour les années 1773-1775. Les dépenses sont réalisées par le fermier en titre conformément à son contrat de fermage, et ne figurent pas dans ce document. Excepté des travaux d'implantation d'un verger dans le village de Gaud pour un montant de 11 livres deux sols 9 deniers.

Des travaux de réparation d'une chambre dans le château de Meyronne, ont été réalisés pour un montant de cent quatre-vingt-quinze livres huit sols douze deniers. Les frais les plus onéreux sont ceux liés à la rémunération des artisans réalisant les travaux : maçon (douze journées de travail), peintre, charpentier (cinquante-et-une journées et demie), serrurier.

La comptabilité fait apparaître de façon récurrente un déficit d'exploitation très important dans les années 1766-1770, durant lesquelles la famille de Domangeville a demandé, de façon régulière, un envoi d'argent d'un montant de 1 500 livres, qui se cumule à 183 626 livres en partie financée par la vente de terre sur le site de La Terrasse (60 000 livres) et le remboursement par Mme la comtesse de Montmorin d'un prêt pour un montant de trois mille cinq cent livres. Les années suivantes, le déficit demeurait bien qu'amoindri.

Le fermage des terres de Meyronne est passé de 3 000 livres en 1766-1767 à 3 450 livres (15%), pour atteindre 4 600 livres (33%) en 1779, selon le contrat de bail signé avec Claude Béraud, bourgeois habitant Saugues, soit une augmentation totale entre 1766 et 1779 de 53%.

Le bail signé en 1778, débutait le 25 mars 1779, pour une durée de neuf ans (1788, même date). Le loyer était payable en deux fois et portable au château de Vernassal paroisse de Léotoing, à Noël et au jour de Saint-Jean-Baptiste[168]. Le bail incluait la collecte du cens, de la dîme et des loyers des métairies ainsi que la gestion des terres du château exploitées en métayage. Les fruits de l'ensemble revenaient au fermier gestionnaire.

---

168   AD 43, 3 E 497, art 212.

D'après les actes de la justice seigneuriale, il s'agissait d'un renouvelle-ment de bail car, en 1771, il se comportait déjà comme fermier[169].

Les actes de justice seigneuriale pour cette période font apparaître une gestion intransigeante de la collecte du cens. Un retard de paiement entraînait systématiquement une procédure judiciaire[170].

En 1787, les tuteurs de l'héritier en titre signèrent avec les officiers des impôts un aveu et dénombrement, faisant un état complet des terres de Meyronne et de leurs apports[171]. Sont ainsi détaillés les revenus issus des relations entretenues avec l'église : chapelle dans les églises parois-siales qui donnaient lieu au prélèvement de la dîme. Sont répertoriés les villages dépendant de la censive seigneuriale avec les montants de cens à prélever tant en argent qu'en nature y compris les exceptions telles que celles liées au château dit de Montmonadier en ruine, situé près de La Soucheyre ou « *l'asqua* », taxe d'un montant de trois livres, prélevée sur chaque mariage dans le village du Rouve. Sont également répertoriés les biens propres : château, les bâtiments agricoles et terres appartenant en propre au château, tour de Saugues, désignée Malgairant, et château de Saugues en copropriété avec le duché de Mercœur. Depuis quelle pé-riode, cette copropriété existe-t-elle ? Aucun document ne renseigne sur ce sujet. C'était tout de même un atout non négligeable car il permet-tait de commercer à Saugues sans payer de taxes. *(Document 12, annexé)*

---

169   AD 43, 253 B 11-12.
170   *Idem.*
171   AN, Q 1, art 512, Aveu et dénombrement des terres de Meyronne.

– 15 –

1764-1767 : la bête du Gévaudan, une période troublée et charnière pour la seigneurie

La seconde partie du XVIIIe siècle a été marquée par une dégradation du climat (pluies excessives au printemps, grêles en juillet-août) qui a entraîné de mauvaises récoltes de céréales (seigle, avoine) sur plusieurs années consécutives. Des étés froids eurent lieu à cette période. Des lettres d'Enneval (louvetier) et d'Antoine indiquèrent par ailleurs « *une tempête de neige et de pluie le 30 avril 1765, un brouillard intense noyant toute vue le 13 juillet, des blés encore sur pied fin août, des gelées dès le début septembre, des neiges en abondance le 20 octobre 1765* »[172].

C'est dans ce contexte que la Bête du Gévaudan sévit de 1764 à 1767. Quelques victimes lui furent attribuées sur les terres de Meyronne. Au début 1765, Catherine Boyer, habitante du village de La Bastide décéda à la suite de ses blessures. Durant le même temps, une enfant de trois ou quatre ans fût enlevée dans la cour de la ferme de ses parents à Venteuges.

Au printemps 1765, six victimes furent dénombrées dont deux habitantes du village de Pépinet décédèrent ainsi qu'une femme de Sauzet ; deux adolescents habitants Sauzet et Pépinet en réchappèrent avec quelques blessures. Au Rouve, un jeune garçon est blessé. En 1767, un jeune garçon de Meyronne fut poursuivi par la Bête, sans dommages autre qu'une belle peur. Les exactions de la Bête ne s'effectuèrent pas au-delà du village de Meyronne. La partie auvergnate des terres seigneuriales fut épargnée.

---

172   COLIN S., *Autour de la Bête du Gévaudan*, Imprimerie Jeanne d'Arc, Le Puy-en-Velay, 1990, p. 66.

Une lettre de M. Antoine à l'intendant d'Auvergne en date du 21 août 1765 décrit ainsi la situation : « *la misère est si grande ici que presque tous les habitants manquent de pain, de sorte qu'ils sont forcés se rendre aux dites battues en tombant d'inanition, faute d'avoir mangé, ce qui oblige même ceux qui ont quelque peu de blé de le faire moudre tout vert, ce qui m'engage à vous représenter combien nous souffrons de voir sous nos yeux, comme partout où nous allons, une si affreuse misère ; elle a tellement touché hier M. de Lafont, qu'il a donné au rendez-vous, dix-huit livres aux trois paroisses du Gévaudan pour avoir du pain* »[173].

Des battues, dirigées par M. Antoine et son fils, louvetiers de leur état, eurent lieu dans les environs de Sauzet. Leurs chevaux ont pacagé dans les pâtures de Charrade, laboureur et censitaire des terres de Meyronne contre le paiement d'une somme de 25 livres[174].

Les travaux entrepris, à propos du loup, par l'historien Jean-Marc Moriceau, ont montré que les loups sévissant étaient anthropophages et que le Gévaudan n'était pas la seule région à cette période où ces comportements déviants des loups étaient constatés[175].

173   AD 63, C 1736.
174   *Comptes de frais de chasse de la Bête du Gévaudan (1765)*, tenus par LAFONT, BNF-Gallica.
175   MORICEAU J.-M., *La Bête du Gévaudan, mythe et réalités*, collection Texto-semi-poche, Tail-landier, 2021.

– 16 –

Une période agitée sur les plans économique et social

Si, comme dans la période précédente, les dettes s'accumulaient car les difficultés de tous ordres s'enchaînaient : difficulté à payer le cens, la taille, la dîme, etc. Les paysans payaient les dettes les plus urgentes, celles qui mettaient en péril le quotidien immédiat de la famille. Les autres dettes attendaient, pour être payées, des jours meilleurs. Ainsi Pierre Charitat, laboureur au village du Rouve, a été condamné à payer la somme de neuf livres. Cette somme résultait d'une livre pour le contrôle d'une obligation non payée et de huit livres, prix de l'achat d'un petit cochon. Par ailleurs, il devait une somme de cinquante-sept livres, montant correspondant à l'achat de deux taureaux rester impayée. Ces sommes étaient dues à un de ses confrères, laboureur comme lui : Pierre Loubat, habitant le village de Védrines[176]. Ce type de dette était régulier, ordinaire, quotidien. Il s'agit d'un crédit qualifié de dormant par Abel Poitrineau, dont le paiement était seulement retardé[177]. Chaque paysan avait des dettes envers son voisin et vice-versa.

Les mauvais payeurs traînés devant les tribunaux n'étaient ni présents, ni représentés, ce qui induisait des jugements par défaut qui augmentaient les dettes en cours de frais de procédure. L'exemple de Jean Olier, laboureur à La Soucheyre, est instructif. Il est condamné à payer à Jean-Antoine Montet, hôtelier au bourg de la Besseyre-Saint-Mary, la somme de neuf livres sept sols pour des consommations dues depuis trois mois. Somme à laquelle se sont ajoutés les frais de procédure : cin-

---

176   AD 43, 253 B 6, 2e cahier.
177   POITRINEAU A., *La vie rurale en Basse-Auvergne au XVIIIᵉ siècle*, p. 487, Clermont-Ferrand, 1965.

quante-sept sols (2 livres 17 sols) six deniers. Puis, la séance judiciaire suivante, toujours absent et non représenté, il a été condamné par défaut à une saisie-arrêt et à un bannissement accompagné de frais de procédure supplémentaire d'un montant de cinquante-sept sols (2 livres 17 sols)[178].

Contrairement à la période précédente, où le fermier attendait plusieurs années d'arrérages de cens, avant de déposer une plainte devant la justice de la seigneurie, l'arrivée de la famille de Domangeville comme seigneur de Meyronne et du fermier Claude Béraud, les conditions de perception du cens changèrent considérablement. L'absence de paiement du cens durant une année aboutissait de façon automatique à une plainte devant la justice de Meyronne. La journée du 30 juillet 1771 fut funeste pour les censitaires de la seigneurie n'ayant pu payer le cens de l'année 1770. Ils furent onze à passer en jugement à l'exemple de Michel et Antoine Delclaux, père et fils, laboureurs à Chazaux, paroisse de Desges. Ils devaient en argent cinq sols, en seigle cinq cartons six boisseaux et en avoine quatre ras deux boisseaux. Les céréales furent vendues à Saugues au prix de quatre livres quatre sols le carton pour le seigle et de trente sols le ras d'avoine. La vente rapporta la somme de vingt-quatre livres trois sols[179]. Le jugement a eu lieu fin juillet, juste avant la moisson. La récolte à venir de seigle qui devait couvrir les besoins de la famille en céréales a été, d'ores et déjà, amputée d'autant. D'autres jugements de ce type eurent lieu en septembre et octobre de la même année.

Cette exigence de paiement immédiat des taxes seigneuriales (cens) bouleversait l'ordre des choses : pour les roturiers les priorités ont changé, il devenait plus urgent de se soucier de payer ces charges que de nourrir leur famille (achat de céréales avant la récolte) ou d'une reille (coutre) pour l'araire. Cette situation n'était pas propre à la seigneurie de Meyronne, puisqu'il y avait une tendance générale à la concentration des biens au sein de la noblesse. Il ne faut alors pas s'étonner que soit née la co-

---

178   AD 43, 253 B 6, 2e cahier.
179   AD 43, 253 B 11, 3e cahier.

lère[180], d'autant que, durant cette période jusqu'en 1789, des années furent très difficiles liées aux perturbations climatiques : 1779, année de canicule ; 1787, automne pourri ; 1788, printemps et été trop chaud ; 1789, émeutes de subsistance sur le plan national.

De ce fait, les grands évènements de la vie comme des funérailles ou un mariage occasionnaient des dépenses exceptionnelles difficiles à supporter par une famille déjà endettée. Jean-Baptiste Teyssier, laboureur, au Rouve, devait à Joseph Martin, hôtelier à Saugues, la somme de quarante-huit livres quatorze sols six deniers pour le repas de funérailles donné lors de l'enterrement de sa mère, le solde d'un repas pris lors d'un mariage et le vin emporté pour les moissonneurs. Les intérêts dus étaient de douze sols trois deniers et les frais de procédures de trois livres dix sols[181]. Les intérêts et les frais occasionnaient une augmentation de la dette de plus de 8%. L'endettement était tel qu'au début de juin 1769, une procédure judiciaire visant à saisir ses biens fut décidée. Après dix-huit mois de répit, la procédure de vente aux enchères fut initiée le 9 janvier 1771, pour se concrétiser le 19 janvier de la même année avec l'achat par Jean-François Masson, -fils de François Masson, cité précédemment-, pour un montant de sept mille neuf cent quinze livres. Une dizaine de prétendants furent convoqués à renchérir sur l'offre de base et ce fut Jean-François Masson, l'un de ses créanciers qui obtint gain de cause. Il l'a payé avec trois cent vingt-neuf louis d'or, vingt-quatre livres en pièce, trois écus de six livres, dix pièces de deux sols. Somme qui fut distribuée aux créanciers sous contrôle judiciaire. Jean-François Masson devint censitaire de la seigneurie de Meyronne en lieu et place de Jean-Baptiste Teyssier[182].

De tous les documents judiciaires de la seigneurie de Meyronne, au cours du XVIIIe siècle, ce fut la seule saisie ayant abouti. Les autres saisies-arrêts prononcées débouchèrent toutes sur des négociations entre

180   SOTTOCASA, V., *Mémoires affrontées : Protestants et catholiques face à la Révolution dans les montagnes du Languedoc*. Nouvelle édition [en ligne]. Rennes : Presses universitaires de Rennes, 2004. Disponible sur Internet : <http://books.openedition.org.bnf.idm.oclc.org/pur/17147>. ISBN : 9782753523357.
181   AD 43, 253 B 7.
182   AD 43, 253 B 11.

les parties afin de trouver une solution acceptable pour tous les protagonistes.

– 17 –

La fin de la seigneurie et des terres de Meyronne

Sur le plan politique, la royauté a été renversée, les droits féodaux ont été abolis en 1789. L'instabilité politique régnait alors que se mettait en place la Convention. De profondes réformes avaient lieu sur le plan administratif et économique.

À la fin de l'Ancien Régime, tout comme son voisin le mandement du Malzieu, celui de Saugues avait un pouvoir bicéphale : diocèse de Mende (États du Gévaudan) et baronnie de Mercœur (Auvergne)[183]. Les monts de la Margeride culminant aux environs de 1 500 mètres d'altitude séparaient ces deux mandements. Si le plateau du Malzieu était ouvert à Mende, le plateau de Saugues était coincé au nord par les vallons qui le séparaient de Pinols, à l'est et au sud par la rivière Allier qui l'isolait du Velay. À l'ouest, la montagne qu'il fallait franchir pour se rendre à Mende car le mandement de Saugues n'était pas au cœur des priorités dans la construction d'infrastructures routières[184]. Cet isolement, sur le plan géographique, en a fait une entité excentrée dans le diocèse de Mende. De fait, sa configuration territoriale l'a rendu plus ouvert sur l'Auvergne avec un accès facile à Langeac, cela était d'autant plus vrai pour les terres de Meyronne qui se trouvaient partagées entre le Gévaudan (paroisse de Venteuges) et Auvergne (paroisse de Desges). D'ailleurs l'appareil judiciaire dépendait de la

---

183   Le mandement de Saugues et Grèzes était l'un des neuf mandements composant la baronnie de Mercoeur tout comme Le Malzieu et Verdezun ; Il faisait partie de l'évêché de Mende. Cf. Didier CATARINA, « Une exception judiciaire en Languedoc, les prévôtés de Saugues et du Malzieu à la fin du XVIIIᵉ siècle », *Cahiers de la Haute-Loire*, 2019.

184   ANDRÉ F., *Procès-verbaux des délibérations des États généraux du Gévaudan*, livre VI, p. 569, 1880, Mende. La question des infrastructures routières devient une question abordée régulièrement depuis 1723 sans que rien ne se fasse jusqu'à la fin de l'Ancien Régime.

cour de Riom. Le territoire du mandement de Saugues était relativement réduit[185].

Depuis la loi du 22 décembre 1789 sur la constitution des départements et les décrets d'application en date des 21 et 26 janvier et 26 février 1790, la majeure partie du mandement de Saugues fut rattachée au département de la Haute-Loire. En étaient exclues les paroisses de Saint-Symphorien et de La Panouse, intégrées au département de la Lozère. Cette partie de la Haute-Loire constituant le canton de Saugues fut dénommé le 2 germinal an IX (23 mars 1801) comme « Pays de Saugues »[186]. En 1806, il était peuplé par 10 421 habitants[187]. L'ensemble des terres de la seigneurie de Meyronne étaient situées sur les communes de Venteuges, de Desges, de La Besseyre-Saint-Mary et de Saugues, qui appartenaient désormais au département de la Haute-Loire.

Sur le plan économique, avant la Révolution Française, la fiscalité était triple : fiscalité royale, fiscalité ecclésiastique et fiscalité seigneuriale. Cet ensemble a été supprimé en 1789. L'Assemblée Constituante a voté en 1790-1791 la contribution mobilière (taxe sur la rente et le profit) et la patente (taxe sur les bénéfices commerciaux, la contribution foncière (taxe sur les terrains)[188]. Par les lois du 7 mars 1793, 26 octobre 1793 du 6 janvier 1794, la Convention a changé le mode de succession instituant un droit égal pour tous les descendants (des deux sexes) au partage des biens des ascendants. Il n'y avait plus d'héritier général et universel mais une recherche d'égalité entre les parts. Celui qui demeurait dans la maison familiale percevait une part supplémentaire en compensation de la prise en charge des parents lorsqu'ils étaient encore en vie (le préciput). Il avait l'obligation de faire vivre la maison familiale en recevant ses frères et sœurs, en transmettant les valeurs et en perpétuant la maison familiale : l'*oustal*.

185   FABRE F. (abbé), *Notes historiques sur Saugues*, Réed. Œuvres Saint Bénilde 1982. Énumération faite en 1327, AD 48, G 98.

186   Archives Vidal à Pontajou 43170 Venteuges, acte notarié de Me Torrent.

187   AD 43, Recensement de la population en ligne, 6 M 107, 109, 130, 163, 208,255, 262, 271,283, 286, 293 et 294.

188   COLLIARD J.-É., MONTALIOUX C., *Une brève histoire de l'impôt*, www.cairn.info/revue-regards-croisés-sur-l-economie -2007-1-page-56.htm.

La pratique de l'emprunt était courante entre particuliers dans le canton, comme en témoignent les actes notariés dont l'objet était les obligations, les quittances, les délégations et les transports de dettes et de créances. Les débats sur le crédit et l'usure se soldèrent par le décret du 6 floréal de l'an III (25 mai 1795) qui a rétabli une politique qui considérait l'intérêt dans le prêt comme étant une chose légale.

Figure 13 : Relief de la vallée de Meyronne

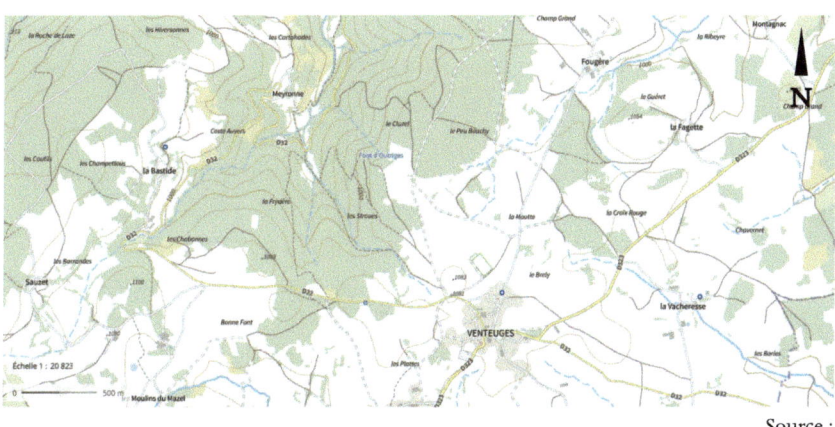

Source :
Geoportail

C'est dans ce contexte que la baronnie de Meyronne devait évoluer. L'héritier du titre, le baron Jean-Baptiste Thomas de Domangeville, héritier des terres seigneuriales de Meyronne, a vu en 1789, les revenus issus de la censive seigneuriale disparaître. Selon une évaluation des biens réalisée en 1785[189], la censive seigneuriale était estimée à une valeur de 88 926 livres. Son fermier, Claude Béraud, n'avait plus que les terres tenues en noble fief à gérer, situées principalement sur les parties pentues de la vallée.

---

189   DIENNE (comte de), E., « les derniers seigneurs de Vernassal et de Meyonne, voyage de Madame de Serilly dans la Haute-Loire en 1795 », *Mémoires et procès-verbaux*, *Société agricole et scientifique de la Haute-Loire*, p. 162, 1909-1910.

Qui était Jean-Baptiste Thomas de Domangeville ?

Au décès de ses parents, à quatre mois d'intervalle en 1774, MM. de Pange et de Montmorin, tous deux parents des enfants mineurs furent nommés tuteurs honoraires, en charge de leurs intérêts. Dès le mois de janvier 1775, Jean-Baptiste fut envoyé à Strasbourg avec son frère Antoine-François afin d'étudier. Ils étaient pensionnaires chez M. Boudoute, trésorier payeur des troupes de cette ville. La pension était d'un montant de deux cents livres par an. Au bout de deux ans, ils quittèrent cette ville pour intégrer le séminaire Saint-Magloire à Paris[190]. Antoine-François mourut deux ans plus tard et Jean-Baptiste hérita alors de Mareuil. Il se rendait souvent à Mareuil où il recevait son cousin le chevalier François de Pange et son ami poète André Chénier.

Décrit comme insouciant et prodigue, le jeune homme encore mineur, lieutenant capitaine au 5e régiment de royal-cavalerie (cuirassiers), avait, en quelques années, au gré de ses voyages à travers l'Europe mais aussi en Turquie jusqu'aux Indes, puisé largement dans la fortune héritée de ses parents. En 1788, encore mineur[191], Jean-Baptiste a dû vendre au duc d'Orléans le château et le domaine de Mareuil, en Champagne, hérité de son père.

Dès lors, Jean-Baptiste Thomas de Domangeville avait envisagé d'habiter en Haute-Loire et de gérer ses domaines. A ce propos, Mme de Sérilly écrivait à son amie Mme de Beaumont « *Une demoiselle que mon frère pensait épouser est, avec sa mère, dans le voisinage de Meyronne. Elle paraît regretter beaucoup mon frère. Elle m'a fait des avances et je serai forcée aussi d'y faire une visite* »[192]. Nous ne savons rien sur l'identité de cette personne.

En 1792, les créanciers le menaçaient à nouveau et il avait un gros besoin d'argent afin de financer ses voyages. Engagé dans la contre-révolution, dirait Claude Astor[193], il assurait la liaison entre ses amis émigrés

---

190   *Idem*, p. 95, 1909-1910.
191   La majorité était encore à 25 ans.
192   BMIU, Clermont-Ferrand (63), ms. 661, Fonds Paul Le Blanc.
193   ASTOR C., « Une amitié à Brioude, sous la terreur », *Almanach de Brioude*, pp. 15-95, 1996.

et ceux demeurés en France. Claude Astor a fait état de divers documents témoignant de sa présence à Fribourg, en Allemagne ou à Londres, ce fut d'ailleurs à un retour d'Angleterre qu'il fut arrêté à Boulogne-Sur-Mer. Aussi, l'héritier Domangeville vendit les domaines d'Aubenas commune de Tailhac et de la Boissonière commune de Desges, le 3 août 1792, à Louise-Marie Bailon (1776-) épouse de Jean-François Lubin-Imbert (1761-)[194] pour un montant de 53 800 francs avec une possibilité de rachat dans un délai de quatre ans. Le baron Jean-Baptiste Nicolas de Domangeville, seigneur de Meyronne, est décapité le 24 mai 1794.

Mme Imbert, en 1794, après le décès de Jean-Baptiste de Domangeville, restant la seule propriétaire d'Aubenas, a dû se battre avec les créanciers hypothécaires de la succession de Jean-Baptiste Thomas de Domangeville, notamment le marchand François Maigne-Barnier et son notaire Jean Grenier[195]. L'affaire s'est solutionnée seulement en 1817[196]. L'inventaire du domaine de la Boissonière avait été réalisé, avant sa mise sous séquestre, le 18 thermidor an II (5 août 1794), et sa vente aux enchères.

Les terres de Meyronne comme celles de Vernassal furent également mises sous séquestre, en 1793. Le château de Meyronne et son mobilier était évalué pour un montant de mille cinq cents livres. Les héritiers étaient sa sœur Anne-Marie, dernière survivante de la fratrie et le fils de sa sœur, Antoine Chastel de Boinville. Sa sœur entreprit des démarches afin que la mise sous séquestre soit levée. Elle obtint, en exécution de la loi du 21 prairial, la restitution de ses biens par un arrêté du département de la Haute-Loire en date du 9 thermidor an III (27 juillet 1795)[197].

---

194   AD 43, 3 E 490, art 69.
195   ROUCHON U., *Un fondateur du journal des Débats : Jean-Baptiste Grenier*, Librairie Ancienne Honoré Champion, 1925.
196   AD 43, 1 Q 221.
197   FABRE F., (abbé), *Les seigneurs de Meyronne*, p. 18.

Figure 14 : Dessin du château de Meyronne

Le 5 frimaire an I (26 novembre 1795), l'expertise des bois de Chamblard d'une contenance de 100 sétérées (60 ha) au nom de Mme Anne-Marie Louise Thomas de Domangeville et du tuteur des enfants Chastel de Boinville fut réalisée par Jean-Baptiste Hébrard et Dominique-Urbain Labretoigne[198]. Il valait mieux diviser en vingt lots plutôt que faire une coupe à blanc.

Un document en date du 11 novembre 1809 a donné une contenance différente des bois de Chamblard appartenant à Meyronne : elle ne serait que de 80 sétérées (48 ha). L'expertise a été faite à la suite du désaccord de Harlet, acquéreur dans une procédure de vente aux enchères des terres de Meyronne, possession en noble fief[199].

Le 21 nivose de l'an XII (12 janvier 1804), furent déposées les pièces concernant la succession de Domangeville, au nom de Louis Alexandre Torrent, receveur de l'enregistrement au bureau de Saugues, en l'étude de Me Dominique Boulangier[200]. Ces documents concernaient les procurations établies par les différents protagonistes de la succession Domangeville, neveux et nièces de feu Jean-Baptiste.

Les héritiers des terres de Meyronne encore en leur possession, n'arrivant pas à se mettre d'accord quant à leur partage, décidèrent de les vendre aux enchères. Les terres de l'ancienne métairie ayant appartenu à la baronnie de Meyronne dont le dernier titulaire était la famille de Domangeville dernier seigneur de Meyronne furent achetées aux enchères par Me Honoré Magloire Harlet. Ce dernier les a revendues début mai 1805 par l'intermédiaire de Me Jean-Baptiste Grenier, avocat de Brioude et député aux États-Généraux puis au Corps législatif aux cultivateurs de Meyronne et des environs[201]. Pour la vente, ce dernier fut nommé procureur fondé par Me Honoré Magloire Harlet, le 15 ventose an XIII (6 mars 1805), devant Mes Huguet et Truard, notaires à Paris.

---

198   AD 43, 3 E 424, art 121.
199   Archives Almanach de Brioude.
200   AD 43, 3 E 488, art 82, acte 91.
201   AD 43, 3 E 488, art. 43, actes 313 à 337 et Cahiers de compte de Labretoigne, AD 43, 1 J 126-131.

Les terres de Meyronne furent vendues en vingt-trois lots pour un montant de 52 702 francs. Les acquéreurs au nombre de trente étaient pour la plupart d'anciens censitaires de la seigneurie. Pour treize lots, les cultivateurs s'étaient regroupés par deux ou trois voire quatre pour acheter une parcelle. Les biens vendus comprenaient le château de Meyronne ainsi que la ferme et les dépendances et des prés et des terres situées au bord de la rivière Desges. Ces investissements firent l'objet de facilités de paiement. Payables selon un échéancier de quatre termes avec un taux d'intérêt de 5 % qui ne s'appliquait que lorsqu'il y avait défaut de paiement au terme prévu. *(Document 14, annexé)*

Me Duquesnel, avocat au Tribunal de commerce à Paris et son associé M. Labadis contribuaient au financement de certains de ces rachats. C'est le cas de Jean-Pierre Merle et Pierre Freissenet qui avaient acheté conjointement des terres pour un montant de 6 020 francs. Ils eurent des difficultés de remboursement, aussi le montant de la dette, en 1817, avait atteint 9 580 F. MM Labadis et Duquesnel procédaient alors à une cession de créances au profit de Jérôme Labretoigne, marchand de Saugues et prêteur d'argent à ses heures, par l'intermédiaire d'Alexandre Torrent. En mars 1818, Jérôme Labretoigne a acheté, pour le montant de 5 050 F (solde restant à payer), à Jean-Pierre Merle, les terres qu'il avait précédemment acquises[202]. À partir de ce moment, Jean-Pierre Merle devint le fermier de Jérôme Labretoigne.

Autour des transactions immobilières, des relations de confiance naquirent entre les avoués parisiens et les hommes d'affaires saugains : le 24 septembre 1817, lors d'un voyage à Paris et d'une rencontre avec Me Labadis, Jérôme Labretoigne acceptait toutes les créances que plusieurs particuliers devaient à cet avoué. Si bien qu'il lui devait 25 mars 1821, sous forme d'effets de commerce, la somme de 21 289,92 F cautionnée et garantie par Alexandre Torrent. En conséquence, le montant des effets de commerce dus à Alexandre Torrent, fin 1821, s'élevait à 32 000 francs[203] qu'il avait entièrement remboursés en 1824.

---

202   AD 43, 3E 488, art 96.
203   AD 43, Cahier de comptes de Labretoigne, 1 J 126, p. 308.

Les bois de Chamblard, soumis à discussion puisque Honoré Magloire Harlet avait porté plainte demandant qu'ils soient retirés du lot car leur superficie était inexacte. Aussi, ce furent Me Duquesnel, avocat au Tribunal de commerce de Paris et son associé M. Labadis qui les ont achetés pour les revendre ultérieurement. Devenus propriétaires des bois de Chamblard, de La Taillade et du Sap, ils les ont vendu, en 1817, au trio composé de Dominique Boulangier, notaire, Alexandre Torrent, receveur de l'enregistrement et Jérôme Labretoigne, marchand, pour un montant de 13 000 francs. Aucun des trois ne possédait cette somme, aussi ils ont payé, à crédit, selon un échéancier précis. Ce qui ne les empêcha pas de revendre ces bois dans la foulée, pour un montant total de 16 140 francs, à plusieurs particuliers faisant une plus-value de 3 140 francs à partager en trois. Les particuliers n'avaient pas non plus les disponibilités nécessaires, ils ont emprunté les sommes dues avec un intérêt de 5 % aux vendeurs. Le montant des intérêts s'ajoutait évidemment à la plus-value déjà réalisée.

– 18 –

Le château de Meyronne
au XXIᵉ siècle

En 1997, José Raymond et Christian Sermet, jeunes étudiants en archéologie à l'université Lyon III, à la demande du Service Régional d'Archéologie de la région Auvergne, ont été chargés de dresser une carte de tous les habitats désertés médiévaux du Pays de Saugues. Parmi ces habitats, figure le site du château de Meyronne[204].

Leurs conclusions étaient : « *Le château devait occuper la partie sommitale de l'éperon sur laquelle sont encore visible trois grandes dépressions rectangulaires (7 m x 4 m / 4 m x 2 m / 4 m x 2 m). Vers l'Est, un étroit développement de l'éperon semble avoir fait partie de l'aire construite : toutefois, en dehors des vestiges de l'arc à l'aplomb, rien ne subsiste. Une photographie publiée par F. Fabre en 1902 (rééd. 1982, p. 25) montre les vestiges en élévation d'un vaste mur englobant l'ensemble de la zone (mur d'enceinte ou corps de bâtiment ?)* ». (…) « *le seul vestige visible qui subsiste est un arc de décharge qu'il conviendrait de stabiliser, puisqu'il constitue la dernière trace matérielle du château de Meyronne* ».

Au XXIᵉ siècle, il ne reste que le rocher enherbé et l'arc de décharge dont une photo a été prise une dizaine d'années plus tard. Cet arc de décharge, encore existant, avait été photographié par Thomas en 1993[205]. Il résiste au temps et reste avec le rocher qui le supportait la seule manifestation de la présence d'un château antique et médiéval dans ce village. Il serait nécessaire d'en prendre soin comme étant un témoin d'un passé révolu et un élément du patrimoine à préserver.

---

204   RAYMOND J., SERMET C., *Inventaire des sites médiévaux désertés de la région de Saugues*. Résultats de la prospection archéologique (30/06/1997 au 03/08/1997) dans le cadre d'une opération pluriannuelle financée par le Service Régional de l'Archéologie (SRA) de Clermont-Ferrand.
205   THOMAS R., *Les châteaux de la Haute-Loire*, Watel, 1998.

Figure 15 : L'arc de décharge du château de Meyronne
subsistant visible début 2021

© Camille Fabre

Conclusion

Les Meyronne, contemporains de la période des grands défrichements et des « Mansus » sont rendus visibles avec la création du prieuré de Pébrac au XIe siècle, grâce aux écrits de gestion tenus par les abbés du prieuré.

Château antique accompagné d'une chapelle, surplombant la vallée de Meyronne, lieu d'une seigneurie qui s'est construite au fil des siècles pour devenir baronnie alors que s'amorçait le déclin.

Dans un premier temps, des ruptures se sont opérées avec la gestion précédente de la seigneurie : changement de résidence du seigneur, d'abord locale : Jean de Chavagnac vit avec sa famille au manoir d'Aubenas, plus confortable, hérité de son père par Marie-Louise d'Apchier, sa femme. Puis, au fil des alliances, la résidence est devenue de plus en plus éloignée : château de Vernassal, puis Paris, établissant une distance spatiale mais aussi humaine, jusqu'à la veille de la Révolution. Jean-Baptiste Thomas, baron de Domangeville, avait décidé de s'établir à Vernassal afin de gérer ses terres auvergnates et gévaudanaises.

Avec l'alliance avec Maximilien II Chalvet de Rochemonteix, les revenus de la famille seigneuriale n'étaient plus constitués seulement de ceux issus des terres, Maximilien II possédait une rémunération extérieure liée à son activité militaire au sein de l'armée royale.

Après le décès de Maximilien II, le mode de gestion de la seigneurie a changé, elle a été confiée à des fermiers. Cette pratique s'est amplifiée sous l'ère des de Domangeville après le décès des parents et la mise sous tutelle des enfants mineurs[206]. Des avocats qui gèrent si bien que cette terre ne rapportait plus que le montant du fermage versé par le fermier en

---

206   AN, Y 5010 A, 5077 B, 5145 A, 5157, 5165 B et 5195 B.

titre ainsi que les annuelles ventes hypothétiques de bois.

L'abolition des privilèges lors de la Révolution Française a amputé une partie des revenus des seigneurs. Elle eut pour conséquence la disparition de toute la censive seigneuriale. Rappelons-le, cette censive occupait les meilleures terres situées au sud de la vallée sur le plateau saugain, en Gévaudan. Il ne restait plus que les terres détenues en noble fief, les bois et les métairies situées, pour la plupart, dans la vallée et au fond de la vallée de la Desges encaissée.

Ce déclin est lié aussi à la personnalité du seigneur en titre, le baron Jean-Baptiste Thomas de Domangeville, ancien capitaine au 5ème régiment de cavalerie demeurant à Vernassal, commune de Léotoing (Haute-Loire), qui, afin de découvrir le monde, vendit une majeure partie du patrimoine foncier et immobilier hérité des Domangeville.

Impliqué dans la contre-révolution, selon Claude Astor, par l'aide qu'il apportait aux nobles émigrés, fait prisonnier et condamné, il fut décapité le 5 prairial an II (24 mai 1794), pour émigration.

Cependant, malgré toutes les vicissitudes rencontrées, le patrimoine de cette seigneurie est resté stable et sa population n'a pas varié du XVIe au XVIIIe siècle. *(Document 13, annexé)*

Les héritiers, en désaccord sur le devenir de leurs biens, décidèrent de vendre aux enchères. Les biens furent rachetés par des hommes de loi qui revendirent, en les morcelant, afin d'en tirer un maximum de profit. En ce début de XXIe siècle, il ne reste du château de Meyronne qu'un arc de support situé sur un rocher enherbé, dans un village laissé à l'abandon et en partie ruiné.

Parallèlement, la paysannerie dépendante de cette seigneurie a aussi évolué. De ménagers, laboureurs, journaliers… ils sont devenus cultivateurs et propriétaires de plein droit de leur terre après la Révolution Française, à condition d'exploiter quelques arpents de terre dépendants de la seigneurie. Ainsi, le terme de cultivateur a occulté toutes les différenciations sociales existantes au sein de la paysannerie sous l'Ancien Régime.

Afin de survivre, ils ont cumulé moult activités, pratiqué la transformation de leur produit, créé de nouveaux produits à vendre. Toute une activité de transformation de la laine s'est développée et de petits ateliers de tissage se sont développés. Il en est de même pour le bois : fabrication d'outils agricoles, mais aussi de sabots pour l'usage familial. Parfois, avec plus ou moins de succès, certains se sont transformés en marchand notamment de bétail.

Au-delà des aspects de l'organisation sociale et économique avec leurs effets sur les populations tant sous l'Ancien Régime qu'après, il demeure que les conditions climatiques connues au XVIIe et XVIIIe siècles ont contribué à aggraver la situation déjà précaire des paysans et plus globalement des roturiers.

La vie des paysans pour nourrir leur famille, payer les taxes seigneuriales, royales et ecclésiastiques et accroître leur patrimoine a été difficile voire misérable pour un bon nombre d'entre eux, en espérant d'un siècle à l'autre et d'une génération à l'autre, une vie meilleure, sans trop d'espoir.

Tout comme le manse, la pagésie uniforme décrivait un collectif comme l'indique sa définition : « *une tenure collective partagée entre plusieurs détenteurs tous responsables du paiement du cens et des redevances* »[207] alors que l'*oustal* est au sein du village, une notion individuelle, qui décrit à la fois l'ascendance familiale et la descendance dans le cadre d'une famille souche.

Peut-on établir une filiation entre le manse, la pagésie et l'*oustal* ? Question qui traverse les siècles, était-ce exactement la même chose dans des contextes et des périodes différents ? Les documents testamentaires ont montré que le chef de famille sous l'Ancien Régime, titulaire d'une pagésie ou non, désignait parmi sa descendance son héritier général et uni-

---

207   TOUATI F.-O., (sous la direction de) *Vocabulaire historique du Moyen-Âge*, Éditions La Boutique de L'Histoire, 2000.

versel, même si celui-ci, n'était pas forcément l'aîné garçon ou fille mais un cadet ou même un gendre, c'était un système inégalitaire. Dans la notion de l'*oustal*, la transmission du patrimoine se faisait selon d'autres règles qui se voulaient égalitaires : chaque membre avait une part égale. Celui qui demeurait à l'*oustal* et vivait avec les parents, les prenait en charge lorsqu'ils étaient dépendants, bénéficiait d'une part supplémentaire afin de compenser. Les autres enfants pouvaient aller vivre ailleurs et former une famille. Souvent, ils attendaient que les parents soient décédés pour demander leur part d'héritage, mais ce n'était pas toujours le cas[208]. Cela induirait pour celui qui demeurait à la maison familiale, des dettes qu'il ne pouvait différer. Dans le cas de la pagésie comme dans le cas de l'*oustal*, il y avait lorsque les parents étaient en vie, deux couples mariés, ils constituaient donc une famille souche.

L'*oustal* a perduré jusqu'à une période récente[209]. Elle a commencé à se déliter avec la mise en œuvre, dans les années 1960, des lois d'orientation agricole et la mise en place de la Politique Agricole Commune (PAC).

208   FABRE C., « Jérôme Labretoigne, marchand à Saugues dans la première moitié du XIXᵉ siècle », *op.cité.*
209   FABRE C. "L'oustal Comte ou Counte du Ménial de Venteuges", Almanach de Brioude, 2017.

Glossaire

Aveu de dénombrement : description précise et détaillée de tout ce qui composait le fief (droit réel assis sur un héritage tenu par d'un seigneur à foi et hommage). Le fief entraînait une seigneurie, avec exercice de justice, droits utiles et prérogatives honorifiques[210].

Buge : pâture de piètre qualité.

Cartulaire : du latin médiéval chartularium, et du latin classique charta, papier. Recueil de copies des actes attestant les titres et privilèges d'une personne ou d'une communauté. Il est synonyme de chartrier.

Censitaires : ceux qui payaient une redevance en argent, en nature ou en corvée, en exploitant des terres et des bâtiments appartenant à un seigneur ou une institution religieuse dont il a reconnu la jouissance dans le cadre d'un document qui s'appelle « reconnaissance ». Synonyme d'emphytéotes.

Droit de leyde : leyde (n.f., du latin licita), taxe versée par les étrangers (forains) qui vendent leurs produits dans une foire ou un marché. Elle ne concerne pas les citadins[211].

Emphytéote : sous l'Ancien régime, il s'agissait d'un bail de longue durée, pour lequel le preneur payait un cens en argent, nature, corvée.

États particuliers du Gévaudan : assemblées des représentants des trois ordres (Noblesse, Clergé et Tiers-État), convoqués depuis 1302 par le roi qui se réunissaient lorsqu'ils le jugeaient bon. Les guerres de religion ont

---

210   CABOURDIN G., VIARD G., *Lexique historique de la France d'Ancien régime*, p. 31, Armand Colin, 1995.
211   TOUATI F.-O., (Sous la direction de), *op.cité*, p. 182.

provoqué la réunion de ces États. Ceux du Gévaudan pour la noblesse ré-unissaient huit baronnies dont le duché de Mercœur pour les possessions qui lui appartenaient dans les mandements de Saugues et du Malzieu.

Famille souche : « *un couple produit des enfants. Lorsqu'ils arrivent à l'âge adulte, l'un d'entre eux est désigné comme successeur unique. Le plus souvent c'est l'aîné des garçons, en vertu du principe de primogéniture masculine. Mais ce peut-être le dernier-né en cas d'ultimogéniture, ou un garçon choisi librement, ou une fille. Le principe d'aînesse absolue fait de l'aîné, garçon ou fille, le successeur. L'héritier doit résider avec ses parents et l'on assiste, lorsqu'il a des enfants, à l'apparition de ménages comportant trois générations. Tant que les deux membres du couple initial survivent, on observe donc deux couples mariés dans le même ménage[212]* ».

Fermiers : ils s'apparentent aux fermiers gestionnaires de grands do-maines. Ils paient un fermage au seigneur désigné dans un contrat, négo-cié avec des hommes de loi représentant le seigneur. En contrepartie, ils collectent le cens en argent et en nature, la dîme, se remboursant ainsi le fermage payé. Ils amènent les mauvais payeurs devant les tribunaux. Ils embauchent des métayers pour travailler les métairies. Ils sont les repré-sentants du seigneur face aux censitaires.

Fief : tenir en fief, une terre, plus rarement droit, fonction, revenu concédé par un seigneur à un vassal en échange d'obligations de fidélité mutuelle, de protection de la part du seigneur, de services de la part du vassal.

Fabrique : tout ce qui appartient à l'église paroissiale, les fonds et revenus affectés à l'entretien de l'église, l'argenterie, les luminaires, etc. Collecti-vement, les marguilliers sont chargés de l'administration des revenus et dépenses d'une église. Ils paient au prêtre le montant des messes d'obit et, du moins jusqu'en 1695, choisissent les prédicateurs recrutés pour le carême et l'avent. Définition aussi : place et banc que les marguilliers oc-cupent dans l'église[213].

---

212   TODD E., *op.cité*. Todd reprend la définition donnée par Frédéric Le Play en 1897.
213   LACHIVER M., *Les mots du passé*, Fayard, 1997.

Hommage : acte par lequel le vassal promettait solennellement fidélité à son seigneur avec les formalités prescrites par les coutumes et usages locaux. Cet acte a perdu progressivement de son importance[214].

Journaliers, brassiers et travailleurs se distinguaient de la domesticité habituelle : ce n'étaient ni des vachers, ni des bouviers, ni des bergers, ni des servantes qui logeaient chez l'employeur. Ils se caractérisaient par le travail qu'ils faisaient pour autrui pour lequel ils étaient payés à la journée. À la campagne, ils travaillaient dans les champs pendant les saisons des gros travaux agricoles (labour, fenaison, moisson, etc.).

Le terme de « brassier » était issu de l'occitan et il dérivait de bras, d'après le latin médiéval[215] ; il désignait un ouvrier ne travaillant pas avec des animaux de trait mais vivant du travail de ses bras. Dans d'autres régions, ce terme était synonyme de manouvrier. Il était généralement payé à l'année, moitié en espèces, moitié en nature.

La notion de « travailleur » trouvait ses origines au XIIIe. Il désignait au XVIIIe une personne exerçant une activité professionnelle[216]. Ce terme était équivoque car dans les minutes notariales comme on le verra plus tardivement, il travaillait pour autrui mais il pouvait être également fermier ou censitaire. Dans la « récapitulation générale des gens de toutes conditions et professions différentes qui habitent dans chaque communauté du Gévaudan », réalisée en 1736, dont la paroisse de Venteuges faisait partie[217], les brassiers et les travailleurs n'étaient pas répertoriés.

Justice haute, moyenne et basse : le seigneur qui avait obtenu concession du souverain, rendait la justice dans l'étendue de sa seigneurie. Depuis le Moyen-Âge, certains seigneurs avaient le droit de pratiquer la haute, la moyenne et la basse justice, c'était le cas de la seigneurie de Meyronne.

---

214   *Idem*, p. 139.
215   REY A., (sous la direction de) *Dictionnaire historique de la langue française*, tome I, Dictionnaires Le Robert, Paris, 1998.
216   *Idem*, Tome 3, pp. 3900-3901.
217   AD 48, C 467, 1736.

« *La haute justice comporte le droit de connaître toutes les causes person-nelles, réelles et mixtes entre les sujets. Les différents pouvoirs de la haute justice étaient : connaissance de tous les crimes commis dans la seigneurie ; possibilité d'avoir une juridiction contentieuse ; droits de nommer des tuteurs et des curateurs ; obligation d'avoir des prisons et des geôliers ; connaissance des causes des nobles, qui sont domiciliés, ou de leurs biens sur l'étendue de la seigneurie ; connaissance par le juge de la haute justice, des dîmes inféodées tenues en fief du seigneur haut justicier ; droit de revendiquer ses justiciables de la juridiction royale, en raison de la patrimonialité des justices comme des fiefs ; droit d'avoir fourches patibulaires, pilori, échelles et carcans ; droit de faire la police ; droit de confiscation des biens du condamné à mort naturelle ou civile ; droit d'amende ; des épaves et des biens vacants par déshérence ou par bâtardise.*

La moyenne justice comprenait la connaissance des délits et crimes dont la peine ne peut être qu'une légère correction corporelle, bannis-sement temporel ou amende de 75 sols ; la connaissance des actions ci-viles, sauf quelques cas royaux ; l'inspection des poids et mesures ; la création de tuteurs et curateurs ; l'information et l'instruction contre les délin-quants « jusqu'à la sentence » exclusivement. Le seigneur moyen justicier « peut et doit avoir siège, juge, procureur d'office, greffier, sergent et prison au rez-de-chaus-sée, sûre et raisonnable, avec un geôlier pour la garder.

La basse justice est limitée à la connaissance des délits, n'entraînant pas une amende supérieure à soixante sols. Dans la vie quotidienne des paysans, la basse justice a la plus grande importance »[218].

Laboureur : ce terme désigne celui qui laboure sa terre avec des boeufs et une araire qu'il possède.

Leyde : (n.f. du latin *licita*), taxe versée par les étrangers (forains) qui vendent leurs produits dans une foire ou un marché. Elle ne concerne pas les citadins.

---

218   CABOURDIN G., VIARD G., *Lexique historique de la France d'Ancien régime*, p.p. 184-185, Armand Colin, 1995.

Ligueurs : membres de la Ligue catholique, la Sainte Ligue ou la Sainte Union est le nom donné pendant les guerres de Religion à un parti de catholiques qui s'est donné pour but la défense de la religion catholique contre le protestantisme. En Velay et dans le mandement de Saugues, elle était représentée par le sénéchal Antoine de Saint-Vidal.

Limagne : la plaine de la Limagne s'étend à partir de Brioude jusqu'au delà de Riom dans le Puy-de-Dôme.

Manse : dans les textes latins, selon G. Duby, le *mansus « désigne la parcelle habitée dans le village, le lieu du foyer. Mais par extension il s'applique à l'ensemble de l'habitation dont la résidence est le centre. Le mansus se trouve flanqué d'appendicia répandus dans l'aire villageoise : annexes toutes proches dans la ceinture des jardins, champs dispersés parmi « les coûtures », droits de participer enfin à l'exploitation collective des terres incultes »*[219]. Les manses, situés sur le plateau sud de la vallée de Meyronne et à proximité du village et du château de Meyronne, pouvaient être définis ainsi. Ils pouvaient regrouper des serfs ou des hommes libres. Ces manses constituaient un ensemble cohérent permettant à ses habitants de pouvoir produire collectivement leur nourriture, élever leur famille. Le manse était l'embryon du village qui allait se développer sous l'égide d'une châtellenie.

Montadou : terme occitan, dérivé de « montar », construction externe au bâtiment agricole qui permettait d'accéder, avec un attelage, au premier étage du bâtiment : la grange, située au dessus de l'étable.

Nuits de fumature : l'objectif de ce dispositif était de fertiliser au mieux le champ cultivé. Il existait dans chaque village, chaque éleveur avait droit à une ou plusieurs nuits de fumature en fonction de l'importance de son troupeau. Parfois, ce dispositif pouvait faire l'objet d'un contrat entre plusieurs parties mais le plus souvent, cela relevait du droit coutumier. Chaque éleveur disposait de son parc qu'il montait à la tombée de la nuit afin de parquer le troupeau de moutons sur le champ souhaité. Les mou-

---

219 DUBY G., *L'économie rurale et la vie des campagnes dans l'occident médiéval*, Tome 1, p.95, Collection Champs Flammarion, 1977.

tons pouvaient être changés dans la nuit, auquel cas, le parc était déplacé par le berger et son chien. Ce système était encore vivace au milieu du XXᵉ siècle.

Pagésie : (n. f., du latin *pagare*, payer) au XIVᵉ siècle, une tenure collective partagée entre plusieurs détenteurs tous responsables du paiement du cens et des redevances[220]. La mention « être en pagésie uniforme », accentue l'aspect collectif.

Paroisse : sous l'Ancien Régime, la paroisse était la cellule de base de l'organisation ecclésiastique. Elle correspondait à la fois à une circonscription territoriale et à une communauté d'habitants ou paroissiens confiées à la garde d'un curé. Elle pouvait regrouper plusieurs villages et hameaux. Tous les actes de la vie religieuse du chrétien se déroulaient dans un cadre paroissial. Celui-ci servait aussi à l'administration civile en particulier pour l'état-civil et la fiscalité. Le curé n'était pas seulement un pasteur, il représentait en quelque sorte le pouvoir royal dont il faisait connaître les décisions. C'était dans ce cadre que se prenaient des décisions relevant de l'administration locale (désignation de syndics, de procureurs), de fiscalité (collecteurs d'impôts), de vie collective (désignation de sage-femme, des administrateurs de la fabrique) de relations avec le ou les seigneurs locaux[221]. La paroisse de Venteuges était dénommée Meyronne / Venteuges jusqu'à la Révolution Française, en particulier dans les textes fiscaux.

Obligation : n.f. qui désigne le lien juridique engageant une partie vis-à-vis de l'autre. Cette notion exprime une reconnaissance de dettes avec ou sans intérêts. L'obligation est souvent hypothécaire.

Oustal : terme occitan employé, C'est une notion très complexe. Il s'agit de l'espace natal qui relie la fratrie aux ancêtres mais aussi à la communauté villageoise. Cette notion renvoie à la cellule de base de la communauté que constitue la famille paysanne, définie comme « famille souche » et à sa pérennité. L'*oustal* est la combinaison d'un bâtiment, d'une terre et d'une

---

220   TOUATI F.-O., (sous la direction de) *Vocabulaire historique du Moyen-Âge, op.cité.*
221   CABOURDIN G., VIARD G., *op.cité.*, p. 247.

116

mémoire familiale. C'est aussi son devenir par le jeu des alliances intrafamiliales avec le souci de faire prospérer l'*oustal*. en montagne pour définir tous bâtiments contenant une habitation qui abrite une famille de n'importe quel rang social que ce soit. L'*oustal* garde souvent, pendant de nombreuses générations le nom de la famille qui l'a distinguée ou construit le patrimoine bâti, même si les descendants ne portent plus le même nom (d'où les sobriquets parfois).

Prévoté : prévôté désignait une unité de justice sous l'Ancien Régime, des unités de maintien de l'ordre. Il désignait aussi un lieu de résidence du prévôt, religieux dans l'Église catholique.

Robin : famille de robe (notaires, avocats, magistrats) proche de la noblesse mais appartenant au troisième ordre de l'État.

Sétérée ou **septérée** ou **cétérée** : notion indiquant la surface, au XVIIIᵉ siècle, 1,66 sétérée est égale à 1 hectare. Le setier était une mesure.

Sole : du latin populaire sola, du latin classique solea, sandale, avec l'influence de solum, sol. En agriculture, étendue de terre labourable destinée à une certaine culture pendant une période donnée de la rotation. De nos jours, ensemble de plusieurs parcelles portant une même culture.

Terrier : ancêtre du cadastre. Registre qui renfermait les lois et usages d'une seigneurie, les droits et conditions des personnes et des biens-fonds dans l'étendue de la seigneurie, les déclarations des censitaires, les baux à cens, les procès-verbaux des limites de justice, le dénombrement de tous les droits de la seigneurie. Les terriers, lorsqu'ils étaient conservés, permettaient l'étude précise du nombre et de la nature même des terres, et celle de la société rurale. Ils faisaient l'objet de renouvellement[222].

Truc et Turc : les chefs de famille de Meyronne étaient désignés comme « Truc » en référence à leur habitat, un château féodal, implanté sur un énorme bloc arrondi en schiste. Cette dénomination en Gévaudan dési-

---

222   *Idem*, p. 307.

gnait la cime d'un énorme rocher, tel que l'on en rencontre dans les monts de la Margeride. Ils pouvaient être appelés « Turc », en référence à leur participation aux croisades et notamment à la quatrième, à laquelle aurait participé le mari de Na Castelhoza[223].

Velle : femelle de veau.

Village : Jean-Marie Pesez décrit, ainsi, le village au Moyen-Âge *« le village est un habitat permanent groupé en un lieu précis, associé à un terroir agricole, le finage et à un groupe d'hommes munie d'une personnalité morale, exprimée au travers des institutions différentes, avant tout la paroisse et la communauté rurale[224] »*.

223   JOURDA DE VAUX (de), G. (Vte), *op. cité*, Tome V, p. 51.
224   PESEZ J-M., *Archéologie du village et de la maison rurale au Moyen-Âge*, Lyon, 1999.

Documents annexés

Document 1 :

Meyronne : une seigneurie vassale des Mercœur

Dès 561, selon Grégoire de Tours, en Gévaudan des comtés amovibles existaient. Ces comtés ou pagi étaient divisés en viguerie. L'ancien canton de Saugues appartenait à la viguerie de Grèzes (le siège Grèzes se situait entre Mende et Marvejols dans la Lozère actuelle), *(Vicaria Gredonensis)*. Il était donc une dépendance du Gévaudan. Les documents manquent pour préciser les faits entre cette date et le XIe siècle.

La châtellenie de Meyronne au XIe siècle, du fait de sa proximité avec le prieuré de Pébrac, devait se sentir plus proche de l'Auvergne que du Gévaudan. D'autant que ce prieuré, avait en son sein, des abbés, originaires de différents lieux (famille de Lastic notamment) entretenait des relations étroites avec la collégiale de Brioude et les comtes d'Auvergne.

Après avoir appartenu aux vicomtes de Millau, dans les premières années du XIIe siècle, la vicomté du Gévaudan passa sous la domination des comtes de Barcelone et des rois d'Aragon. Raymond Bérenger par son mariage avec Pétronille fille du roi Ramire, recevait en 1137, le royaume d'Aragon. La viguerie de Grèzes devenue vicomté du Gévaudan était établie à Grèzes, au sud de Mende, lieu où était établi le château. Cette domination dura jusqu'en 1258 suite à de multiples opérations militaires. Tombé dans le domaine royal, à la fin de la guerre contre les Albigeois, le roi Louis IX avait donné à Béraud V de Mercœur, la garde et la jouissance de la vicomté pour toute sa vie. Fief sur lequel l'évêque de Mende et le roi d'Aragon avaient de sérieuses prétentions, le premier comme vassal du second. Béraud V de Mercœur indiqua qu'à sa mort, la vicomté serait restituée au roi. Les Mercœur, étaient originaires d'Ardes-sur-Couze, village au sud de Clermont-Ferrand.

Béraud VI (décédé vers 1294) de Mercœur a conservé seulement l'usufruit des biens qu'il avait donné à son fils Odilon de Mercœur, prévôt de Brioude, : la châtellenie de Saugues et celle de Murs (canton de la Chaise Dieu), et à la mort d'Odilon, ces deux châtellenies revinrent à Béraud VII (1301).

En 1314, Béraud VII a réintégré les cercles royaux, mais des incidents en Gévaudan l'avaient mis en cause. Le roi exigeait que les domaines en Gévaudan de Béraud soient gérés selon le droit écrit qui prévalait à la sénéchaussée de Beaucaire. Cette affaire fut réglée par Pons de Polignac, doyen de Brioude, cousin de Béraud VII, et d'autres dont notamment Guillaume de Tailhac, chevalier[225].

N'ayant pas d'enfant avec Isabelle de Forez, Béraud VII de Mercœur a considéré Jeanne de Mercœur, fille de Jean Ier de Joigny et de Marie de Mercœur, tante de Béraud, comme sa fille adoptive et son héritière. Lorsque le roi la maria avec son neveu Charles II de Valois (fils de son frère Charles, comte de Valois, d'Anjou, du Maine, d'Alençon, de Chartres et du Perche et investi par l'Eglise du royaume d'Aragon par le pape Boniface VIII), il la dota généreusement en lui attribuant (contrat passé devant le roi le 14 avril 1314, à l'Abbaye Notre-Dame de Pontoise) 4000 livres tournois de rentes dont 3000 livres en terres, plus deux châteaux forts de sa baronnie de Mercœur : Murs-en-Velay et Saugues, alors en Gévaudan (à la suite du traité de paréage signé, en 1307, entre le roi Philippe Le Bel et Durand IV, évêque de Mende) et les châtellenies qui en dépendaient.

La terre des Mercœur, composée de 9 mandements, dont le mandement de Saugues, était gérée par un bailli dénommé « bailli d'Auvergne ». En 1320, Pierre Armand de Langeac, en était le bailli des montagnes. La terre était aussi dotée d'une chancellerie unique, le chancelier était Hugues de Picherande.

À la mort de Béraud VII, (vers 1320), dernier de la famille de Mercœur, Charles II de Valois, comte d'Alençon, épousa en 1314 Jeanne (décédée vers 1338) dame de Mercœur et prit possession de la baronnie de Mercœur. Sans descendance, son cousin Béraud Ier Dauphin d'Auvergne,

---

225   AN, J.J 50 art 43.

petit-fils d'Alix de Mercœur et fils de Jean de Clermont hérita de la baronnie de Mercœur en 1338.

Puis Renée (1494-1539) dame de Mercœur épousa, en 1515, Antoine II de Lorraine (1489-1544), duc de Lorraine. Antoine II de Lorraine abandonna, le 5 juillet 1529, au roi François Ier, l'héritage des frères de sa femme Renée, dont les biens du connétable de Bourbon confisqués à cause de sa trahison. Il recevait en contrepartie le château et la baronnie de Mercœur. Son fils, Nicolas (1524-1577) comte de Vaudémont, évêque de Metz, baron, prince (1563) puis duc (1569) de Mercœur épousa, en 1556, Jeanne de Savoie-Nemours (1532-1568). Ils eurent un fils Philippe-Emmanuel de Lorraine (1558-1602) duc de Mercœur, duc de Penthièvre qui épousa, en 1579, Marie de Luxembourg (1562-1623) duchesse d'Étampes et de Penthièvre, vicomtesse de Martigues. Ils eurent une fille Françoise de Lorraine (1592-1669) dite Mademoiselle de Mercœur. Elle épousa, en 1608, César de Vendôme (1594-1665), duc de Vendôme, de Mercœur, de Beaufort, de Penthièvre et d'Étampes. Louis Ier (1612-1669) duc de Vendôme, de Mercœur, de Penthièvre et d'Étampes, épousa, en 1651, Laure Mancini (1636-1657), ils eurent un fils, Louis-Joseph de Vendôme (1654-1712), duc de Vendôme et de Mercœur. Il épousa, en 1710, Marie-Anne de Bourbon-Condé (1678-1718) dite Mademoiselle d'Enghien, sans postérité.

En 1712, le duché de Mercœur passa à la maison de Conti qui le vendit au Roi Louis XV.

En 1787, la baronnie de Meyronne est copropriétaire de la Tour de Saugues avec le duché de Mercœur.

Sources :
Archives Nationales, (AN) J.J 50 art 43.
BOUDET M., *Les derniers Mercœur*, Picard, 1906.
FABRE C., *La Haute-Loire, précis d'histoire et de bibliographie historique*, in Publications de la Société des Études locales, n°5, Le Puy-en-Velay, 1925.

Document 2 :

Les relations entre les Meyronne, Tailhac et Lastic

La famille de Lastic avait dans son ascendance une parenté avec les Mercœur.

Au début du XIe siècle, l'arrière-grand-mère paternelle de Galienne et de Marquèze était Aldéarde Mercœur, épouse d'Henry I de Lastic. La famille de Meyronne était apparentée à celle de Lastic puisqu'à la fin du XIIIe siècle, Bompar III-Pierre sire de Lastic (1259-1317)[226] épousa Julienne du Bec (1258-1295) originaire de Neuvéglise (Cantal), dame de Valeilles (possession par héritage située dans le Tarn-et-Garonne). Ils eurent trois garçons et deux filles : Marquèze de Lastic (née vers 1285) qui épousa Turc de Meyronne (né vers 1280) et Galienne (née vers 1292) devint la femme de Guillaume de Tailhac[227] (né vers 1278). À la lecture du testament de Bompar III, Galienne a été plus avantagée que sa sœur Marquèze : Galienne perçut un marc d'argent, vingt-cinq livres tournois de rente et cinq cents livres tournois de dot. Sa sœur, épouse de Truc dut se contenter d'un marc d'argent, quinze livres tournois de rente et trois cent cinquante livres tournois de dot. Elles ont hérité également de biens fonciers.

---

226   Geneanet Henri Pichot.
227   Tailhac est situé près de Pinols.

Document 3 :

Les biens possédés par la seigneurie de Meyronne au sein des différents villages, à partir du terrier de 1571-1573

Maison, bâtiments agricoles et terres cultivables	Une ou plusieurs parcelles	Bois et/ou une pâture	Pour avoir le droit de faire pâturer dans les bois ou les pâturages
Meyronne (7)	Servillanges (8)	Venteuges (12)	Venteuges (7)
La Révolte (6)	Villeneuve (2)	Lavès (11)	
Le Ménial Golphier (10)	Védrines (5)	Combret (1)	
Pontajou (14)	Le Mont de Grèzes (2)	Le Mazel (1)	
La Bastide (12)	Pépinet (3)	Nozeyrolles (1)	
Sauzet (12)	Chazelles (3)		Fougères (8)
Le Rouve (24)	Desges (5)		
Giberges (1)	Le Vialaret (5)		Le Vialaret (5)
Le Moulin Bertin (1)	Les Taillades (1)		
Le Ranc (2)	Gaud (8)		
Chazaux (6)			
La Soucheyre (20)			

Entre parenthèses est noté le nombre d'emphytéotes.

Document 4 :

Qui sont les censitaires de la seigneurie de Meyronne en 1571 ?

Villages	L	P	F	H	M	M-F	T	C	A
Meyronne	6								1
La Révolte	3	1							2
La Bastide	6		2						3
Sauzet	9	2	1						
La Soucheyre	15	1	2						2
Le Ménial	6	2							
Le Rouve	16	1	4				1	1	
Pontajou	9		4		1				1
Giberges	1								
Pépinet	1	1							1
Le Mazel									1
Fougères	7								1
Venteuges	9		4	1		1			1
Villeneuve	11								
Lavès	7	1	1						2
Combret	1								
Védrines	5								
Le Moulin Bertin	1				1				
Le Ranc	2								
Gaud	4			1					3
Chazaux	4		1						
Les Taillades									1
Le Villeret	7		2				1		
Desges				1					
Nozeyrolles	1								
Chazelles	3								1
Servillanges	4		4						
Total	**150**	**8**	**45**	**3**	**2**	**1**	**2**	**1**	**18**

Légende : L = Laboureurs ; P = Prêtres ; F = Femmes ; H = Hôteliers ; M = Meuniers ;
M-F = Maréchaux-Ferrants ; T = Tisserands ; C = Couturiers ; A = Autres

Document 5 :

Le statut des emphytéotes sur 12 villages en 1571-1573

Villages	Laboureurs	Non laboureurs	Femmes isolées	Activité conjointe
Meyronne	6	1	0	0
La Révolte	3	2	1	0
Le Ménial Golfier	6	2	0	0
Pontajou	9	0	4	1
La Bastide	6	3	2	0
Sauzet	9	1	1	
Le Rouve	16	3	4	
Giberges	1	0	0	0
Le Moulin Bertin	1	1	0	0
Le Ranc	2	0	1	0
Chazaux	4	1	0	0
La Soucheyre	15	3	2	0
Total	78	17	15	1

Document 6 :

Comparaison entre le terrier Julien et le terrier de Meyronne pour Giberges et Pontajou

Si l'on compare le terrier établi par le notaire Julien[228] pour le compte de Claude Chastel seigneur de Servières et celui établi par le notaire Langlade pour le compte d'Antoine de Dorette seigneur de Meyronne en 1571-1573, plusieurs emphytéotes appartenant à Meyronne avaient été vendues au seigneur de Servières : Giberges (1), celle de Vidal Meyronnenc ; Le Mont (2), celles d'Antoine Garrel et d'Antoine Saunaison ; Pontajou (12), celles de Andrieu Laurens, de Guilhem Maltric, de Margueritte Brunette, de Vidal Basset, de Mezard Eschaubard, de Bartholomy Laurens, de Bartholomy Malric, de Jacques Laurens, de Marguerite Pontajou femme de Pierre Sardret, d'Agnès et Isabelle de Pontajou, de Jehanne Pytiote, d'Ysabeau Faulcon. Le moulin de Jean Olier à Pontajou est conservé par la seigneurie de Meyronne.

228   AD 43, 3 G 5 et 3 G 6.

Document 7 :

La famille Chalvet
de la Rochemonteix

Il faut s'attarder un peu sur la famille de la Rochemonteix à laquelle s'est alliée Marie-Louise de Chavagnac. Cette famille s'est construite à Vernassal, à compter de XVIe siècle lorsque Guinot Chalvet, petit seigneur de Jordanne dans le Cantal s'est fixé à Vernassal où il a épousé Hippolyte Vigier fille de Jean Vigier seigneur de Vernassal, fief du duché de Montpensier et dépendant de la justice de Léotoing.

C'est grâce aux alliances passées notamment par son fils Jean Chalvet et surtout par Jacques, son petit-fils, -qui porte le nom de Chalvet de Rochemonteix-, que leurs possessions se sont accrues. Les alliances passées avec les maisons nobles des environs ont donné à sa propre maison une importance et un prestige qui ont bénéficié à ses descendants. François Chalvet de Rochemonteix (1626-1673), décrit comme un jeune homme n'appréciant guère la ville et peu guerrier, est âgé de 32 ans lorsqu'il a épousé Marie Le Bouthillier de Rancé (-1670)[229]. Elle n'est autre que la fille de Claude Le Bouthillier, protégé de Richelieu et l'un de ses exécuteurs testamentaires après avoir été le secrétaire de Marie de Médicis. Il a hérité des biens de Vernassal, de la Roche et de la Terrasse avec toutes les terres en dépendant. C'est lui qui fit construire le château de Vernassal.

Veuf à l'âge de 46 ans, avec trois enfants en bas-âge à sa charge, c'est sa mère Anne d'Auzon (-1675) et sa sœur Gilette (1638-1706) qui assurèrent l'éducation des enfants.

Afin d'assurer l'avenir de ses enfants, il rédigea un testament olographe en 1672[230], dans lequel il a fait de son fils aîné Maximilien II, l'héritier de ses biens avec la charge de payer à son cadet Antoine et à sa sœur

---

229   Contrat de mariage de François Chalvet de Rochemonteix et de Marie Le Bouthillier, me Carpot, notaire au pays du Forez, le 27 avril 1658. Archives Almanach de Brioude.
230   Testament, Me Magaud de Paulhac, le 7 février 1674, Archives Almanach de Brioude.

Marie ce qu'il leur revenait sur la succession.

Décédé en 1673, il a laissé ses trois enfants orphelins (Maximilien II, Antoine et Marie). Maximilien II (1662-1725) est alors âgé de 13 ans. Anne d'Auzon décédée vers 1675, c'est Gilette qui est devenue la tutrice et l'éducatrice des enfants tout en ayant à charge la gestion des biens familiaux secondée par l'intendant (Bigot).

Sous l'impulsion de sa tutrice et tante, Gilette Chalvet de Rochemonteix, Maximilien II a intégré l'armée du roi comme jeune page. Puis, à 21 ans, il est entré dans les mousquetaires. Il a pris part à plusieurs campagnes militaires de 1688 à 1715 notamment en Flandres, en Allemagne et sur le Rhin. En 1702, il est maréchal de camp, lieutenant-général en 1734 et gouverneur de Rocroi.

Pendant, toute cette période, Maximilien a accru son patrimoine foncier avec l'acquisition, en 1692, des seigneuries et terres de Bosbomparent, Balhuzat, La Mourie et Apchat.

Gilette est décédée en 1706. Sans descendance, la pérennité de sa maison est menacée, alors brigadier de cavalerie, Maximilien II, à 47 ans, a décidé de s'installer. Il a épousé, le 27 février 1710, la fille d'une famille riche : Marie-Louise de Chavagnac, fille de Jean de Chavagnac et de Marie-Louise d'Apchier héritière de la seigneurie et des terres de Meyronne et d'Aubenas près de Tailhac.

De ce mariage, est né un fils, Henri-Gilbert (décédé vers 1744), qui est devenu soldat et maître de camp de cavalerie. Il épousa, en 1739, sa cousine, Anne-Françoise de Montmorin-Saint-Hérem. Trois enfants naquirent de cette union : Joseph-Maximilien (1740-1764), Charles-Gaspard (1741-1746). Lorsqu'Henri-Gilbert fut tué en 1744 au siège d'Oudenargue, la dernière de la fratrie Marie-Josèphe-Pauline (née en 1744) n'était pas encore née. Maximilien II est alors âgé de 82 ans. Ce dernier a alors décidé de faire de Joseph-Maximilien son héritier, mais celui-ci est décédé jeune à l'âge de 24 ans. Avant de partir en campagne, il a testé en faveur de sa soeur[231]. C'est donc Marie-Josèphe-Pauline qui a reçu en héritage l'ensemble de la fortune et des biens des Chalvet de Rochemonteix.

Après avoir quitté l'armée, au moment de son mariage, Maximilien II s'intéressa de près à ses domaines y compris à ceux de Meyronne. Il examina de près les baux et les terriers. C'est à cette période, qu'un nouveau terrier des terres de Meyronne fut élaboré[232].

231   Almanach de Brioude, *op. cité*, p. 28.
232   FABRE F., *op. cité*. Ce terrier en possession de Labretoigne a, aujourd'hui, disparu.

Document 8 :

Inventaire des biens de Meyronne
en 1709

Le cheptel était composé de deux paires de bœufs d'une valeur de cent livres la paire, trois vaches jeune d'une valeur de soixante livres, un taureau de un an d'une valeur de dix livres, plus deux velles d'une valeur de vingt livres, plus trois veaux mâles de l'année pour un montant de quinze livres, trente bêtes à laine d'une valeur de soixante livres. À la ferme de Meyronne, le capital en cheptel était d'un montant de deux cent soixante-cinq livres.

Plus à Reilhac, deux paires de bœuf pour un montant de quarante livres.

Ensuite quatre vaches valant quatre-vingts livres, deux veaux de lait valant dix livres, trente bêtes à laine pour soixante livres.

Au domaine du Mazel, deux paires de bœufs pour cent vingt livres, deux taureaux de deux ans valant trente livres, plus quatre vaches et leurs veaux de l'année pour un montant de cent vingt livres soit un total de deux cent soixante-dix livres.

À la Brousse du Costet de Marieujols, deux paires de bœufs valant cent vingt livres, deux vaches de soixante livres, vingt-huit bêtes à laine d'une valeur de cinquante livres.

Au grenier, seulement vingt-cinq cartons de grains. L'inventaire avait été effectué en juillet donc juste avant les moissons.

Document 9 :

La justice seigneuriale de Meyronne au XVIIIe siècle

La justice seigneuriale de Meyronne s'exerçait en haute, moyenne et basse justice. Les audiences se tenaient à Saugues dans la tour de la Vialle appartenant à Engelvin. Au début du XVIIIe siècle, le premier juge fut Béraud[233] Gérenton en était le juge[234]. À son décès, il fut remplacé par Vergèzes[235]. Puis, Paparic assura l'intérim dans l'attente que Torrent prit cette fonction en 1739[236].

Les plus modestes, non représentés par un avocat, ne se présentaient pas à l'audience, aussi, ils étaient condamnés d'office soit à payer soit à se représenter pour absence au tribunal non motivée. Il s'agissait d'un cercle infernal de l'endettement car les faits de procédure étaient systématiquement à leur dépens.

De 1703 à 1772, nous possédons 370 actes issus des registres de la justice seigneuriale sur cette période, seule disponible.

Sur les 370 actes restants, 306 actes sont exploitables (82,7%) dont :

- 10 actes, sur la période indiquée, concernent la tenue d'assise générale dont la première est organisée par le juge Jean Gérenton en date du 5 août 1709. Elle a lieu à Desges et se tient devant la maison de noble Jean du Bouschet. Sont convoqués à cette rencontre les emphytéotes des villages suivants : Meyronne, La Révolte, La Bastide, Sauzet, Le Rouve, Les Chazaux, Le Moulin-Bertin, Desges, Chausse, La Soucheyre, Gaud et Pépinet. Il est indiqué que l'absence non justifiée est passible d'une amende de sept sols six deniers. Si l'objet de ces assises n'était pas précisé dans l'acte de jus-

---

233   AD 43 253 B 1.
234   *Idem.*
235   AD 43, 253 B 3.
236   AD 43, 253 B 4.

tice, en revanche quelques règles sont rappelées : défense à tous de juger et de blasphémer le nom de Dieu, de s'entre-quereller, de rien d'usurper les uns des autres comme chasser ou pêcher dans la terre et dépendances de Meyronne.

Les lieux de ces assises changeaient chaque année, elles se tenaient en été (juillet-août) : ce n'était pas dans le même village. De plus, dans les autres actes, les censitaires du Meynial-Golfier sont aussi convoqués.

Il n'y a pas de régularité dans les actes en notre possession. Elles se sont tenus en 1709-1710 (2) ; 1736 (1) ; 1751-1755 (3) ; 1757-1759 (1) ; 1761-1763 (3). Les archives disponibles à propos de la seigneurie de Thoras font état de ce type de rencontres entre les représentants judiciaires de la seigneurie et leurs sujets au XVIIe siècle, mais aucun acte n'a été trouvé concernant ce siècle.

- Sur les 306 actes restant, seulement 279 actes sont exploitables (91,2%). Les autres 27 actes sont inexploitables car dans les actes d'ouverture de procédure, le contenu n'est pas précisé ; d'autres sont incomplets (page déchirée ou manquante).

Document 10 :

Contenu des délibérations de justice

Raisons	Nombre	Pourcentage
Droit du travail, embauche	5	1,8
Succession	45	16,11
Achat de marchandises non payées dont blé pour soudure	57	20,41
Bornage et arbres	2	0,72
Dettes sur location	2	0,72
Dettes impôts	9	3,23
Arrérages de cens	65	23,30
Dot et rémission	14	5
Lods (agrandissement ou échange)	2	0,72
Bail et bail précaire	5	1,8
Rentes	8	2,9
Saisies de fruits, de biens et ventes aux enchères	6	2,15
Réparations bâtiments	3	1,08
Obligations	14	5
Emancipation et nomination tuteur	11	3,94
Bannissement	2	0,72
Contestation saisie	29	10,4
Total	**279**	**100%**

Les délibérés de la justice seigneuriale de Meyronne[237]

Les actes concernent différents thèmes dont les plus importants sont liés au règlement de la succession après décès du chef de famille (16,11%) ; les retards de paiement dans les achats de marchandises ou de services effectués (20,41%) ; les arrérages de cens (23,30%) ; les retards de paiement des impôts (3,23%) ; les saisies et les ventes aux enchères (2,15%), et la contestation de saisie de biens suite à un endettement ou à un arrérage de cens (10,40 %). Les actes d'émancipation de mineurs et la nomination d'un tuteur pour enfants mineurs représentent 3,94 % des actes.

Les contrats de travail et d'embauche étaient aussi enregistrés par le greffe du tribunal, ainsi Marie de Chavagnac a embauché le 11 mars 1709 Antoine Prolhac, laboureur demeurant à Chazelles comme forestier, il est âgé de 22 ans et il est illettré[238].

---

237   AD 43, 253 B 1 à 253 B 12.
238   AD 43, 253 B2

Document 11 :

La famille Thomas de Pange de Domangeville

La filiation des Thomas est connue à compter de 1564. Ils étaient originaires de la région de Verdun, installés dans les environs de Metz, ils ont acquis la seigneurie de Pange et la terre voisine de Domangeville. Les aïeux étaient aux services du duché de Lorraine. Ils prirent le titre de seigneur puis de marquis de Pange.

Le fils aîné de Jean Thomas, Pierre, anobli par Charles IV de Lorraine en 1626, fut Conseiller d'Etat et Chancellier de Lorraine en 1632. Marié, en 1596, à Nicole Saillet, il eut deux fils : Nicolas qui fut procureur des Chambres des comptes de Lorraine et François le fils aîné. Ce dernier épousa en secondes noces, en 1639, Jeanne-Claude Bonnefille. Un fils naquit de cette union, Richard, Prévot de Clermont, Eyr et seigneur de La Vallée, qui épousa en 1673 Françoise de La Rue de La Vallée. Ils eurent deux enfants : Simon, aumônier du duc de Lorraine et Jean-Baptiste-Louis-Benoit devint propriétaire de la seigneurie de Mareuil et des vicomtés de (page 28) situées dans la vallée de la Marne. Il fit construire à Mareuil, à l'est d'Épernay, sur les bords de la rivière, un château qui devint ensuite la propriété du duc de Montebello. Il devint le marquis de Pange. Il mourut en 1769.

Ce marquis de Pange avait quatre enfants de son mariage (1716) avec Françoise Thumery. Détailler les relations au sein de cette fratrie est importante car des relations matrimoniales se sont réalisées mais aussi des influences idéologiques ainsi que des fins tragiques.

D'abord, le fils aîné, Jean-Baptiste-François, marquis de Pange conserva les terres de Lorraine, il était trésorier de l'extraordinaire des guerres et grand bailli d'épée de Metz[239]. Il épousa en 1755, en secondes

---

239   Grand armorial de France, tome 6.

137

noces, Renée d'Espinoy.

Ils eurent trois fils dont François (1764-1796), chevalier de Saint-Jean de Jérusalem dont sa désignation comme « chevalier de Pange » il mourut de la tuberculose en juillet 1796. Il fréquenta le collège Navarre où il fréquenta le poète André Chénier et les frères Trudaine, devenus amis, ensemble ils fréquentent le salon de Condorcet qui est devenu leur maître à penser[240]. Il était proche de sa cousine Anne-Louise de Domangeville, veuve de Sérilly qu'il épousa en janvier 1796, union éphémère puisqu'il mourut six mois plus tard.

Ensuite, Nicolas-Jean-Baptiste Thomas de Domangeville dit baron de Mareuil (décédé en 1774), Maréchal de camp, il épousa, en 1762, Marie-Josèphe-Pauline Chalvet de Rochemonteix (1744-1774)[241], Maréchal de camp, il épousa, en 1762, Marie-Josèphe-Pauline Chalvet de Rochemonteix (1744-1774). De cette union naquirent quatre enfants : Anne-Louise (1763-1799), Jean-Baptiste-Marie (1764-1794), Antoine-François (décédé en 1778) et Anne-Marie-Marguerite (1768-1789). Cette dernière épousa Jean-Baptiste Chastel de Boinville. Ils eurent un fils Antoine.

Puis, leur fille Françoise épousa, en 1744, Antoine Mégret d'Étigny (décédé en 1767), ils eurent pour fils Antoine-Jean-François Mégret d'Étigny seigneur de Sérilly (1746-1794), Passy, Étigny en Bourgogne, baron du Theil, seigneur de Marly-le Roi, fut d'abord conseiller au parlement puis trésorier adjoint de l'extraordinaire des guerres. Il fut nommé tuteur de sa cousine germaine Anne-Louise de Domangeville, qu'il épousa en 1779[242]. Ils eurent quatre enfants : Armand (1780-1827), Aline (1782-1864), Amédée (1784-1845) et Victor (1789-1831).

Enfin, la plus jeune fille, Marie-Ange de Pange épousa, en 1748, Jean-Joseph de Rochefoucauld (décédé en 1768), comte de Saint-Ilpize (aujourd'hui en Haute-Loire), de Rochegonde, seigneur de Neuvéglise, Cussac et Lodières, coseigneur de Faverolles (Cantal), colonel de cavalerie

---

240 BADINTER E., et R., *Condorcet (1743-1794), un intellectuel en politique*, Fayard, 1988.
241 AD 57, 64 J 19/2.
242 AN Z 1o-193 A, registre des tutelles.

puis maréchal des camps.

Jean-Baptiste Nicolas de Domangeville fut condamné à mort en qualité d'émigré et guillotiné le 24 mai 1794, de même que son beau-frère Antoine-Jean-François Mégret d'Étigny et le frère de ce dernier ainsi que le poète André Chénier (1763-1794). C'est sa sœur Anne-Louise, seule survivante, (elle a échappé à l'échafaud du fait de sa dernière grossesse) qui hérita de ce qui restait des terres de Meyronne.

Document 12 :

Transcription de « Aveu et dénombrement de la terre et seigneurie de Meyronne 15 juin 1787 », AN, Q 1, art 512.

1er feuillet

« Pardevant les notaires royaux /
de la sénéchaussée d'Auvergne résident en la ville /
de Brioude soussignés a été present me /
Jean Mosnier lieutenant de la justice de la Roche /
Vernassal le Bosbomparent et dépendances habitant /
de la ville de Brioude fondé de la procuration de me /
Claude Thibault Soutereau avocat en parlement demeurant /
à Paris rue de la Mortellerie paroisse de St Jean en Grene /
au nom et comme tuteur onéraire de messire Jean /
Baptiste Thomas de Domangeville chevalier seigneur de /
Reilhac, Bonnassat, Baussat, Meyronne, Aubenas et autres /
lieux lieutenant au régiment de la marche cavalerie /
mineur fils de defunt messire Jean-Baptiste Nicolas /
Thomas de Domangeville chevalier seigneur baron de /
Mareuil vicomte day et avenay seigneur de Chouilly et /
autres lieux maréchal des camps et armées du roy, /
chevalier de l'ordre royal et militaire de st louis et de /
dame Marie Pauline de Rochemonteix dame de la Roche /
Vernassal Baussat Reilhac de Bosbomparent Maironne /
Aubenas et autres lieux ladite procuration passée /
devant Fieffé et son confrère nottaire à Paris le quinze /
février dernier et ledit messire Jean-Baptiste Thomas /
de Domangeville seul propriétaire de la terre de /
Maironne et ses dépendances en qualité de légataire /
de ladite dame de Domangeville de la Roche Monteix /
de la Roche Vernassal sa mère qui luy a légué à titre /
de préciput ladite terre de Meyronne par son /
testament olograffe du neuf décembre mil sept /

cens soixante quatorze déposé le traize du meme /
mois a Coulon notaire royal et a Esparnay con[toro]lle et ... /
en ladite ville le quinze du même mois lequel pour se /
conformer à lintention du roy et pour satisfaire /
a lordonnance de nos seigneurs les presidents /
trésoriers généraux de France grand...juge /
directeurs des domaines de sa majesté en la /
généralité de Riom et province d'Auvergne, /
chevalier et conseiller du roy après avoir /
rendu la foy et hommage au roy en vos mains /
pour la terre et la seigneurie de Maironne /
le vingt quatrième mars dernier. /
Donne avant mes seigneurs les tresoriers de /
France laveu et dénombrement qui suit, le tout /
sous les protestations par luy faittes de ne faire /
faux aveu.
Déclare ledit seigneur de Maironne par la voye /
de son procureur fondé
Que la susdite terre et seigneurie de Maironne /
Montmonadier le Meynial mouvant et relevant /
de sa majesté a cause de son duché de Mercoeur /
est situé près de la ville de Saugues dans la /
parroisse de Venteugeol en gévaudant et de /
Desges en Auvergne ressort ...partie dans l'election de /
Brioude et partie dans les Etats du Languedoc.

2°Que pour raison de ladite terre et /
seigneurie de Maironne Montmonadier Le /
Meynial et dépendances ledit seigneur de Maironne /
a le droit de haute moyenne et basse justice /
tant sur ledit lieu de Maironne que les villages /
qui en dépendent qui sont La Révolte, La Bastide, /
Sauzet, le Rouve, le Moulin Bertin, la /

141

3ème feuillet

Soucheyre, les Chazaux, le Ranc, le /
Meynial Golfier,, le Moulinet de /
Desges, Desges et Gouaud et en partie Védrines /
le Moulin de Bram, Le Mazel, le ténement /
appelé le Berger près le Ménial et le ténement /
appelé la Grève ou sont encore des restes de fourches /
patibulaires dans le pré dudit seigneur de Maironne /
appelé de Lapeyre.

3° Le droit de nommer a une vicairie établie en la /
chapelle du château de Maironne et fondée par les /
prédecesseurs dudit seigneur à titre de vicariat sous le /
patronage de st pierre ou il y a dixme annuelle /
d'agneaux et aine (?) et grains avec bule et droit de renage une /
maison pour le titulaire avec un jardin d'environ une /
coupée ladite dixme à la onzième gerbe prend son /
commencement avant la maison du rouge de Gouaud /
et de là elle va jusqu'en haut du pré du Michel Duclos /
du soleil levant elle traverse la rivière de Desges et elle /
va tomber a un champ nommé le Salien appartenant /
à Pierre Soulier des Chazaux, elle va au milieu du champ /
d'Etienne Soulier appelé le champ du rond de Desge /
de là elle passe dans le village du Ranc du mesme /
aspect prend sur ledit village suivant un petit sentier /
allant au village de Lestival de Desges de la passe à /
la Roche passée retraverse la rivière de desge et va /
aboutir à la croix du taix de suite elle prend un /
petit sentier qui conduit a la Soucheyre de /
nuit elle descend dans le ruisseau du front /
avant de descendre dans ce ruisseau elle /
prend le champ de Pierre Soulier des Chazaux. /
Elle redescend le long du ruisseau du midy /
elle va tomber à un pré nommé de Gazele /
appartenant a la veuve Rougeyron et va /

4ème feuillet

finir devant ...de Gouaud /
déclarant ledit seigneur de manquer /
que de tous tems il a lu le droit d'espere /
la dixme des champs et héritages a luy /
appartenant en propre donné a luy a rente /
 a bail emphiteote qu'ils se trouvent /
enclavé dans les confins de la susdite /
dixme sait qu'ils soient voisins dudit...

4° Appartient audit seigneur de Maironne /
de toute ancienneté le droit d'avoir une chapelle /
dans l'église de st jean Baptiste de Venteugeol avec son /
tombeau dans icelle ladite chapelle sans /
patronage ni pouvoirs des bayles et /
luminiers de ladite eglise d'en disposer ni /
faire aucune institution.

5°Appartient audit seigneur de Maironne /
et de Montmonadier le droit de ..../
une chapelle fondée en l'église de st mary /
de la Besseyre sous le titre de st antoine /
avec droit de la moitié de ladite dixme de /
tout le village de la Soucheyre l'auttre moitié /
appartenant au prieuré de La Volte.

6° Appartient audit seigneur de Maironne Montmonadier /
le Meynial en fief noble la moitié d'une maison /
au château et tour appellée malgairant a la rue appelée de /
pouzarot d'après la porte de badefolle de la ville /
de Saugues avec pouvoir de retirer en icelluy les /
grains dudit mandement du Meynial de se /

nommer haut de ladite ville de /
Saugues de débiter sur place et d'en jetter /
toutes sortes de grains et espèces d'iceux /
sans payer aucun droit de layde et de /
faire tenir la cour et la justice par les officiers audit /
seigneur de Maironne dans ladite tour ou forteresse /
toutes fois et quand bien même lui semblera la susdite /
tour et moitié de la maison baillée à nouveau cent sous /
les réserves et facultés et percevoir cy dessus et l'autre /
moitié appartenant à sa majesté à cause dudit /
duché de Mercoeur.

7° Déclare ledit seigneur que le principal manoir /
de ladite terre et seigneurie est composée de quelques /
batiments reste d'un vieux château antique basti sur /
le rocher qui ne peut servir que pour le logement /
du fermier y ayant une tour salle chambre bassecour /
trois écuries une grange, et une petitte maison de /
métayer avec autre petite grange, jardin a chanvre /
et potager au tour dudit château contenant six /
cartonnées en quatre pièces.

8° Appartient audit seigneur de Maironne /
et Montmonadier la masure d'un vieux château dans /
le lieu de la Soucheyre appellé le château /
de Montmonadier duquel il n'existe que les vestiges.

9° Appartient audit seigneur une censive avec directe /
seigneurie avec droits de lodz et vente a raison /
du huitiesme denier pour livre pour prix du /
contrat d'acquisition un acte et pot de vin pour /
chacune vente ou muage savoir vingt cinq /
sols pour le pot de vin et cinq sols pour /
l'acte de suivi et prelation et retenue la taille /

6ème feuillet

aux cinq cas permis et accoutumés le droit de /
guet boade et manœuvre a la volonté du /
seigneur et le droit de peche consistant ladite /
censive que ledit seigneur a droit de prendre et /
percevoir tant sur le lieu de Maironne que les /
villages de La Révolte, Pépinet, Le Rouve, le
Meynial Golfier, Salzet, La Souchere, La Bastide, /
Le Ranc, Les Chazaux, Gouaud, Le Moulin Bertin, /
Desge, en partie Venteugeol, Védrines, Lavès, /
Cubelles, Le Mont, le Mazel, Combret, Servillanges, /
Recoules, Faugère, le Vilaret, le Moulin de Bram /
et autres dépendances desdits lieux argent quatre /
vingt six livres un sol neuf deniers fromant /
et soigle cent vingt-huit septiers deux cartons /
six boisseaux et trois quart avoine sept cent /
dix neuf ratz quatre boisseaux trois quart /
le tout mesure de Saugues geline quatre vingt /
six et trois quart manœuvre dix-huit et trois /
quarts boade sept et demie et douziesme /
bois treize charrettées lesquels cens payables /
a chascune feste st michel et portable aux /
greniers de Maironne et de ladite seigneurie /
sont reconnus en toute justice haute moyenne /
et basse avec tous autres droits et devoirs /
seigneuriaux et qui sont spécifiés extérieurs /
de ladite seigneurie et reconnaissances particulières /
receu le 22 février et le 6e mars 1739 et le 15e 16e 17e /
18e et 20e juillet 1755 par Torrand

7ème feuillet

10° perçoit annuellement ledit seigneur /
dans le lieu et le village du Rouve /
en la parroisse de Saugues /
 …et prend sur chacun paire de personnes/
se mariant audit lieu un asqua pour tous deux valant trois livres.

11° Appartient audit seigneur a cause de sadite /
seigneurie de Maironne Montmonadier la dixme /
inféodée qu'il a le droit de louer ainsy que ses /
prédecesseurs seigneurs de Montmonadier à … /
de tous fruits dans les appartenances du village /
de la Souchere du produit annuel de dix huit /
septiers quatre cartons grains ou environ qui se /
confine du levant par le ruisseau de la coste /
au rioux par de midy, par l'autre moitié de /
ladite dixme de la Souchere appartenant au /
Prieur de la Volte du couchant par la rivière /
de Desge et de bize par le rocher appelé roche /
costalier montant le sanat jusqu'au tertre de /
st quintin. Les terres de Montmonadier descendent /
a droit file au ruisseau appelé du frau.

12° Déclare ledit seigneur jouir et posséder /
en toute propriété un domaine appellé de Maironne /
qui consiste en un champ appellé du chateau /
aux appartenances de Maironne d'environ sept /
septerees joint le chemin du chateau a la /
rivière de fond, le chemin allant a la bastide /

8ème feuillet

de bize la terre de la Beysserette mouvant du /
seigneur de Maironne et le champ d'Antoine /
freyssenet de nuit, et en un autre champ appellé /
le champ de laselyde d'environ cinq cartonnées /
auxdites appartenances joint le commun dudit /
lieu d'orient le chemin de la Bastide de midy /
et nuit, et le champ d'Antoine Freyssenet de bize /
en un autre champ auxdites appartenances et terroir /
de dessous le château du cotté de bize appellé le /
Bouchet d'environ cinq cartonnées, joint les /
pasturaux dudit seigneur de jour midy et nuit /
et le champ de Jacques Freyssenet de bize un /
champ contenant deux cartonnées appellé de la /
chapelle, joint ledit pastural dudit seigneur de /
jour midy et bize et le chemin allant à la Révolte /
de nuit, en un champ aux appartenances de Gouaud /
appellé la levade denviron de cinq cartonnées en un /
pré appellé le bouchet aux appartenances /
d'environ quatre cartonnées ou charrettees foin /
joint le ruisseau et le pré d'antoine freyssenet /
en un autre pré appellé de la faigue et pré /
rond contenant et denviron huit charrettées /
foin de cinq quintaux chacune au milieu /
duquel passe le ruisseau ou ya une masure /
de moulin dans la partie appellée de la faigue /
dans sa totalité joignant le chemin de /
Maironne a Venteujol et le pastural commun /
en un autre pré appellé eygat auxdites /

9ème feuillet

appartenances denviron une charrettée /
joint le ruisseau du lieu et le grand /
chemin allant a Venteujol en un autre pré /
appellé de la chapelle ou pastural d'environ /
une charrettée joint les pres de /
Jacques anglade du vilaret, la riviere de /
Desge et le pré du sieur Jacques Prolhiat /
dans tous lesquels heritages cy dessus dudit /
domaine de Maironne ledit seigneur de /
Maironne a droit de dixme.

13° Appartient audit seigneur en fief /
Noble dans le lieu de Gouaud une grange /
basse écurie au-dessous et un pré verger /
portant regain aux appartenances de Gouaud /
d'environ six charrettées de cinq quintaux de /
foin chacune joint le pré de Michel Duclaux /
des Chazeaux d'orient un autre pré dudit seigneur /
de midy un petit pré de la veuve Rougeiroux /
la maison d'antoine Labre de Gouaud et /
commun dudit lieu de nuit avec le chemin /
de Gouaud au moulin et la rivière de Desge /
de bize un autre pré et jardin a chanvre /
appellé pres grand verger grand et jardin /
grand portant aussy regain joint le /
chemin du moulin de Gouaud allant /

10ème feuillet

audit lieu de Gouaud et un pré appartenant /
audit seigneur appellé la naute d'orient le /
chemin de Gouaud à Desge et un petit pré /
appartenant à Antoine Teissedre des Chazaux /
du midy le jardin a chanvre de Michel Duclaux /
des Chazeaux de Mathieu Condy de Desge et /
un pré de la veuve Rougeirou de Gouaud de /
nuit et le béal du moulin dudit Gouaud de /
bize d'environ six charrettées foin /
un autre pré appellé la naute auxdites /
appartenances de Gouaud portant aussy regain /
d'environ huit charrettées foin joint la maison /
et jardin de la veuve Rougeron et la grange et /
le jardin de la veuve Morin de Gouaud /
d'orient le chemin de Gouaud allant à Desge /
du midy le ruisseau du frau descendant /
vers le moulin de Gouaud de nuit, et le chemin /
de Gouaud allant au moulin de bize. /
Un autre pré appellé de st pierre auxdites /
appartenances d'environ quatre charrettées foin /
joint le ruisseau de Maironne et le pré de /
Jacques freyssenet.
Un autre pré appellé lasihartat auxdites /
appartenances portant regain contenant /
cinq charrettées foin joint la riviere de /
Desge de bize et d'orient le jardin à /

11ème feuillet

chanvre dudit seigneur et celluy de la veuve /
Rougeron du midy le pré dudit seigneur et /
celluy de Michel Duclaux de nuit, un autre /
pré appellé lasplates portant aussy regain /
d'entour dix charrettées foin joint la riviere /
de desge et le pré de la veuve Rougeiron /
d'Orient le jardin à chanvre de la dite veuve /
Rougeron et celluy dudit seigneur du midy le /
pré dudit seigneur et celluy de Michel Duclaux /
de nuit et de bize.
Un autre pré appellé de faulion d'environ dix /
charrettées foin auxdites appartenances joint le /
pré de Jacques anglade du vilaret la riviere /
de Desge et le pré de Jacques Prolhiat un autre /
pré appellé le pré du seigneur denviron /
quinze charrettées foin joint le pré de la /
veuve Morin de jour le beal dudit moulin /
de Gouaud du midy la planche d'ardine /
de nuit et le chemin de desge au moulin /
de Gouaud de bize ledit pré appellé du /
seigneur portant aussy regain comme /
les autres cy dessus avec droit de prise d'eau /
un autre pré avec un pastural y /
contigue appellé le pré d'André denviron /
quatre charrettées foin et le pastural /
denviron deux cartonnées, joint le /

12ème feuillet

champ de la veuve Rougeirou d'orient /
le chemin du Moulin Bertin à Desge, du midy /
la maison d'Antoine Jarlier celle de la veuve /
Morin et le commun dudit lieu de nuit le /
pré de la veuve Rougeirou de Gouaud et celluy de /
Michel Duclaux de Chazaux de bize un petit /
jardin à chanvre appellé lort de lasgalières /
contenant entour deux cartons chenevier /
joint le champ de laselyde appartenant /
a la metterie dudit seigneur d'Orient le meme /
champ de laselyde et le chemin du bois de /
las taillades du midy meme chemin du bois de /
las taillades petit pré de la veuve Rougeron /
et la maison de Claude Roux de nuit meme /
maison de Claude Roux et le chemin de
Gouaud au Moulin, de bize un autre petit /
jardin a chanvre appellé lasplate d'environ /
un carton et demi de chenevis dans lesdites /
appartenances de Gouaud joint un jardin /
a chanvre de la veuve Rougeron du /
midy le pré dudit seigneur et de Michel /
Duclaux de nuit et le pré dudit /
seigneur de bize lesdits deux jardins /
de chanvre ainsi que les champs de la

13ème feuillet

levade des cleydes de la metterie de /
Gouaud tant tous les autres heritages dudit/
seigneur de Maironne de sa metterie de Gouaud/
que sa metterie de Maironne ne doivent la /
dixme qu'au seul seigneur de Maironne.
Appartient auxdits seigneurs de Maironne en /
fief noble cinq pièces de bois taillis essence /
de chesne appellé la Molle la coupe vieille /
coste plane la coupe du beal et la coupe /
de la golinière le tout d'une contenue d'environ quarante-huit septérées.
Appartient audit seigneur comme /
de ses six pieces de bois de hautes futayes /
savoir un bois de sapin appellé des /
pachiers contenant cinq septérées, autre /
bois de sapin appellé du sape de six /
septerées autre bois appellé des essards /
en bois dhêtre dentour cinq septérées. /
Un autre bois appellé las taillades moitié /
bois d'hêtre moitié de sapin contenant environ /
deux cens septérées, autre bois /
situé dans le tenement de Maironne /
et de la Révolte d'environ huit septérées /
dont deux tiers hêtres et un tiers sapin /
et un autre bois appellé le grand chamblard /

14ème feuillet

d'environ cent septérées.
Appartient audit seigneur un moulin /
appellé de Gouaud sur la rivière de Desge /
donné à rente moyenant la redevence /
annuelle de sept septiers et deux cartons /
soigle.
Appartient audit seigneur comme dessus un /
autre moulin appellé le moulin de Desge avec /
un pré appellé de la rousse portant regain /
le tout donné à rente sans aucune retenue à /
Jacques Tixier moyenant la rente annuelle de /
quatre septiers seigle et de soixante-dix-huit /
livres argent.
Appartient audit seigneur un pastural d'ardes /
situé près desge donné a rente à Vital Delphinion /
et a Louis Broussy sans aucune retenue /
moyennant la redevence annuelle de douze /
livres argent.
Appartient audit seigneur le bois appellé /
Malot situé dans les appartenances de desge donné /
a rente à Jean Gaillard et a Mathieu Cony de /
Desge sans retenue moyennant la redevence /
annuelle de six livres argent.
Appartient audit seigneur un domaine appellé /
du Mazel d'environ trente-six septérées de terres /
cultes lequel est donné a rente a Jean Laurent /

15ème feuillet

Pignol moyenant la redevence annuelle en toute /
justice de dix-huit septiers quatre cartons seigle.
Appartient audit seigneur un domaine appellé du /
Crépoux dans la parroisse de Pignol donné a rente /
a Jean Terrisse sous la retenue des vingtiesmes /
moyennant la redevence annuelle de soixante /
livres argent.
Appartient audit seigneur la rente en directe /
avec toute justice du moulin et domaine de Brame /
dans la parroisse de st prejet due par Estienne Hugony /
suivant la reconnaissance du 22ème may 1584, /
receu Bernard notaire royal.
Déclare ledit seigneur qu'il n'y a d'autres charges /
imposées sur ladite terre seigneurialle promettant /
que s'il y a quelques choses données dans la présente /
nommée de ly mettre ajouter et suppléer desquil en /
aura la connaissance et s'il y a plus protester /
aussy que le présent acte ne pourra luy nuire /
ny prejudicier a lavenir protesté aussy /
expressément par la presente declaration de /
ne faire aucun préjudice a dautres avec /
rentes et professions qui sont hors les /
limites de la dite terre compris cependant /
dans la totalité de la censive cy depans /
lequel aveu et denombrement a esté par nous /
nottaires pour sa majesté accepte en tout /
le contenu aux présentes pour servir a sa /
majesté et non autrement, et pour requerir /

16ème feuillet

l'enregistrement et reception des presentes /
par dever vous mesdits seigneurs les tresoriers /
de France ledit seigneur de /
Maironne a fait et constitué /
maistre Jean Gilbert mandataire. /
Pour son procureur au bureau des finances /
lui donnant pouvoir de faire tous actes a ce /
necessaire ainsi voulu et obligeant. /
Renoncant et fait triples audit Brioude etude
de Couguet l'un es notaires royaux soussigné avec /
ledit sieur Mosnier le vingt un avril mil sept /
cent quatre vingt six avant midy et a la minutte /
sont les signatures de Couguet, Beffe et Mosnier /
et plus bas y a con[toro]llé a Brioue le 21 avril 1786. Par /
Granchier commis qui a receu neuf livres et deux spls de /
communauté.
Par expedition
Couguet notaire royal »

Document 13 : Acheteurs des biens de la seigneurie de Meyronne

Acheteurs	Professions	Village	Objet de l'achat	Montant en livres	Mode de paiement	Taux d'intérêt	Montant de l'annuité
Pierre Freissenet et Jean-Baptiste Cubizolles	Cultivateurs	Meyronne	un bois taillis essence chêne d'une contenance de six ha et demi quart ou dix septerées de l'ancienne mesure	1 200,00	2 termes	5%	600 F
Mre Jean-Baptiste Molherat et François Rogier	Curé et cultivateur	Charraix Desges	1 pré situé le long de la rivière Desges appelé le pré du seigneur contenant 14 à 15 chars foin d'environ 7 qtx chacun	6 930,00	50% comptant et le solde en 2 termes	5%	1730 F
Jean-Antoine Molherat et François Rogier	Cultivateurs	Desges	1 chenevière située près du village de Chazaux cne de Desges appelé lhort grand contenant environ 24 ares ou 3 cartonnées	1 050,00	50% comptant et le solde en 2 termes	5%	262,5 F
Clément Chabannier, Jean Boissière et Jacques Bastide	Cultivateurs	Lesbinières	1 pré appelé de la naute contenant 8 chars de foin et 1 pré contenant 6 chars de foin	8 154,00	4 termes	5%	2038,5 F
Guillaume Baillard, Marguerite Boissière, Michel Teysseire et Pierre Vidal	Cultivateurs	La Gazelle, Le Villeret, Lestival, Desges	1 pré aux appartenances de Gaud appelé le pré de la Chazardeix d'une contenance de 6 chars foin	3 964,00	4 termes	5%	991 F
Antoine Girard et Jean Maurin	Cultivateurs	Gaud, Le Villeret	1 pré situé le long de la rivière Desges appelé le verger grand contenant environ 7 chars et demi foin	3 225,00	4 termes	5%	1056,25 F
Antoine Roux, Joseph Condi et Louis Cussac	Cultivateurs	Gaud, Le Villeret	1 chevenière situé près le village de Chazaux cne de Desges appelé lhort grand contenant environ 24 ares ou 3 cartonnées	2 042,10	4 termes	5%	510,77 F
Jean-Pierre Maurin, Guillaume Freissenet et Joseph Page	Cultivateurs	Gaud, Chazaux, Gaud	1 pré aux appartenances de Gaud appelé le pré de las plates contenant environ 10 chars foin	3 870,00	4 termes	5%	967,5 F
Joseph Philippon, Pierre Maurin, Etienne Ollier et André Verneyre	Cultivateurs	Le Ranc, Gaud, Moulin-Martin, La Révolte	1 pré situé aux appartenances de Gaud appelé le pré de la Charraux contenant environ 6 chars foin	2 687,10	4 termes	5%	671,77 F
Pierre Veyret	Cultivateur	Chazelles	1 pré dit famou contenant 12 chars foin de 7 quintaux chacun	860,00	4 termes	5%	215 F
François Rongier	Cultivateur	Desges	1 pré dit Saint-Pierre contenant 4 chars foin de 7 quintaux chacun	1 290,00	4 termes	5%	322,5 F
Joseph Philippon	Cultivateur	Le Ranc	1 chenevière dite Les plates d'une superficie de 16 ares	430,00	4 termes	5%	107,5 F
Antoine Roux	Cultivateur	Gaud	1 chenevière près de Gaud d'une superficie de 16 ares	645,00	4 termes	5%	161,25 F
Jacques Cubizolles	Cultivateur	Meyronne	Tous les bâtiments constituant les restes de l'ancien château fortement dégradé et dépendances d'une superficie de 15 ares, Le jardin contenant 1 carton 2 boisseaux, 1 pré contenant 4 chars foin, 1 pastural contenant 40 ares, un champ et une buge contenant quatre double dcal de seigle à semer, 1 champ contenant 4 cartons seigle à semer.	4 503,00	4 termes	5%	1121,75 F
Pierre Maurin et Joseph Page	Cultivateurs	Gaud	1 masure et le terrain autour d'une contenance d'un are 1/3	69,00	4 termes	5%	17,25 F
Jean-Pierre Merle	Cultivateur	Meyronne	3 chenevières contigües d'une superficie de 48 ares, 1 pastural dit les sagnes d'une superficie de 64 ares	1 346,00	4 termes	5%	336,5 F
Laurent Freyssenet	Cultivateur	Meyronne	1 pré contenant 3 chars de foin, 1 buge ou paturage contenant 13 ares et terre appelée le suchadou de 32 ares	1 286,00	4 termes	5%	521,5 F
Pierre Freyssenet et Jean-Pierre Merle	Cultivateurs	Meyronne	1 pré appelé prat Megloul contenant 6 chars de foin, 1 champ dit champ du chateau contenant 56 double décalitres en semences	6 020,00	4 termes	55%	1505 F
Pierre Freyssenet	Cultivateur	Meyronne	1 champ dit chivas contenant 3 cartons seigle en semences	172,00	4 termes	5%	43 F
Etienne Ollier	Meunier	Moulin-Martin	1 pré appelé pré du moulin contenant 2 petits chars foin	967,00	4 termes	5%	241,75 F
Etienne Ollier	Meunier	Moulin-Martin	1 petit pré de 8 ares	72,00	comptant	5%	
Marguerite Meyronneinc épouse de F. Fabre		Le Rouve	1 bois de haute futaie de 3 ha	1 600,00	4 termes	5%	400 F
Jean-Pierre Barthélémy	Cultivateur	Le Frau	1 bois d'une contenance inconnue	320,00	4 termes	5%	80 F

Document 14 :

Evolution de la population sur les terres de la seigneurie de Meyronne[243] (1571-1806)

Noms des villages	Nombre d'emphy-téotes en 1571	Nombre d'emphy-téotes en 1709	Nombre d'emphy-téotes en 1736	Nombre d'emphy-téotes en 1753	Nombre de feux en 1806	Population en 1806 et 1820 (habitants)	Population en 1846 et 1851 (habitants)
Meyronne	7	7	6	7	11	51	52
La Bastide	11	10	10	9	12	58	58
Sauzet	11	12	15	12	15	61	108
Chazaux	6	4	4	4	5	33 (1820)	19 (1851)
Le Ranc	2	2	4	4	3	22 (1820)	14 (1851)
Le Rouve	23	18	20	22	18	96	96
La Soucheyre	19	20	25	20	36 (1846)	pdd	175 (1846)
La Révolte	6	8	8	8	9	45	33
Le Ménial	9	pdd	pdd	7	7	35	50
Gaud (Gouaud)	8	4	2	2	6	35 (1820)	39 (1851)
Pépinet	3	4	pdd	8	7	41	33
Le Moulin Bertin ou Martin	1	1	1	1	1	8 (1820)	13 (1851)

pdd : Pas de données disponibles

---

243   AD 43, Nombre d'emphytéotes (1709, 1736 et 1753) issu des Archives judiciaires (assemblées générales annuelles). Etat civil de Venteuges : 6 M 294 ; Desges : 6 M 111 ;La Besseyre-Saint-Mary : 6 M 55 ; Sauges : 6 M 271.

Nombre d'emphytéotes en 1571-1573, terrier faisant partie de la Collection Mestre.

Nombre d'emphytéotes (1709, 1736 et 1753) issu des Archives judiciaires (assemblées générales annuelles).

AD 43, état-civil : Venteuges : 6 M 294

AD 43, état civil : Desges : 6 M 111

AD 43 : état-civil : La Besseyre-Saint-Mary : 6 M 55, Saugues : 6 M 271

Document 15 :

Description du salon du château
par Mme de Sérilly

« Le salon dont la structure est bizarre, il est comme je vous l'ai dit, très grand et très élevé. De chaque côté s'élève à 4 pieds du mur, à peu près, des pièces de bois qu'on prendrait pour des étais et on n'en voyait pas encore la destination. Elles forment des colonnes de lits placés à la suite les uns des autres. Il y a ainsi trois cadres de lit de chaque côté et un au bout de la salle, de sorte qu'il paraît évident que toute la famille couchait dans cette pièce. En cas d'augmentation on pouvait élever un étage de lits au-dessus de celui existant, puisque les colonnes atteignent le plafond et que, cette pièce a, au moins 18 pieds de hauteur. Cette salle immence n'est éclairée que par une très petite fenêtre. Je crois que c'est le froid, qui est très vif dans cette partie, qui a rendu si économe sur les fenêtres. Placez cette habitation au fond d'un vallon très resserré, assise sur un rocher, une tour écroulée à côté, la chapelle formant un pont sur deux petits rocs, sans jardin, presque sans cour, au milieu des bois et ne pouvant être abordé qu'à cheval et vous aurez une juste idée de Meyronne ».

Source :
Extrait d'un courrier de Madame de Sérilly à son amie,
la citoyenne Beaumont, le 13 novembre 1795

Bibliographie

ANDRÉ F., *Procès-verbaux des délibérations des États généraux du Gévaudan*, 1880, Mende.

ASTOR Cl., « Mariages et familles en Haut-Allier à la fin du Moyen-Âge », *Almanach de Brioude*, 2007.

ASTOR Cl., « Une amitié à Brioude, sous la Terreur », *Almanach de Brioude*, 1996.

BADINTER E. et R., *Condorcet (1743-1794) : Un Intellectuel en politique*, Paris, Fayard, 1988.

BEAULIEU E.-P., *Les gabelles sous Louis XIV*, Paris, BNF-Gallica, 1903.

BEAUR Gérard, « Les catégories sociales à la campagne : repenser un instrument d'analyse », in *Annales de Bretagne et des pays de l'Ouest*, Tome 106, numéro 1, 1999, pp. 159-176.

BEC P., *Chants d'amour des femmes-troubadours*, textes établis, transcrits et présentés, Stock Moyen-Âge, 1995.

BOGIN M., *Les femmes troubadours*, Éditions Denoël/Gonthier, pour l'édition française 1978.

BONNASSIÉ P., *La Catalogne au tournant de l'an mil*, Albin Michel, 1990.

CHASSAING A., *Spicilegium brivatense : recueil de documents historiques relatifs au Brivadois et à l'Auvergne*, Imprimerie Nationale, Paris, 1886.

CHASSAING A., JACOTIN A., *Dictionnaire topographique du département de la Haute-Loire*, suivant cotte AD 48 G 98. Imprimerie Nationale, 1907, 394 pages.

CHAZELLES (de) P., *Chronologie de la Maison de Lastic*, pp. 1-2, 1853.

CHEVASSUS G. « Les Apchier en pays sauguain : mythes et réalités » , in *Les dossiers de Montchauvet*, ISSN 1630-134 X, volume, 2005.

COLIN S., *Autour de la Bête du Gévaudan*, Imprimerie Jeanne d'Arc, Le Puy-en-Velay, 1990.

COMBES R., *Erount de Saougues*, n° 60, avril-mai 1969.

CUBIZOLLES P. « Dona Castelloza », *Almanach de Brioude*, 1973.

DAUMARD A., *Les bourgeois et la bourgeoisie en France depuis 1815*, collection Champs Flammarion, 1990.

DECHERY C., « Le chevalier de Pange », *Bulletin trimestriel des séances de l'académie de Nîmes*, pp. 41-42, 1er trimestre 1975, n° 62.

DE LA SALLE DE ROCHEMAURE F, *Les Troubadours cantaliens*, 1910. BNF-Gallica.
DÉPALLE B. et B., « Musée Atelier Conservatoire des métiers de la laine en Gévaudan/Marge-

ride », *La Lainerie du Gévaudan*, située dans les locaux des Ateliers de La Bruyère à Saugues en Haute-Loire.

DIENNE (comte de), E., « Les derniers seigneurs de Vernassal et de Meyonne, voyage de Madame de Serilly dans la Haute-Loire en 1795 », Mémoires et procès-verbaux, *Société agricole et scientifique de la Haute-Loire*, 1909-1910.

DUBY G., *L'économie rurale et la vie des campagnes dans l'occident médiéval*, Collection Champs, Flammarion, 1977, pp. 94-95.

DUBY G., *Dames du XIIᵉ siècle*, 3 tomes, Gallimard, 1995-1996.

DUBY G., « Le modèle courtois », *Histoire de femmes en Occident, tome II, Le Moyen-Âge*, sous la direction de Christiane Klapisch-Zuber, Tempus-Plon, 1991.

DU TEMS H., *Le clergé de France, ou tableau historique et chronologique des archevêques, évêques, abbés, abbesses, et chefs des chapitres principaux du royaume, depuis la fondation des églises jusqu'à nos jours*, tome 3, p. 275-280, chez Brunet, Paris, 1775, BNF-Gallica.

ETIGNY (baron d'), « Mme de Sérilly, échappée de l'échafaud sous la terreur » (21 floréal an II) 10 mars 1794. pp. 132-164. *Bulletin de la société archéologique de Sens*, tome XVI, 1891.

FABRE C., « L'oustal Comte ou Counte du Ménial de Venteuges », *Almanach de Brioude*, 2017.

FABRE C., « Stratégie de survie des veuves en Margeride (1793-1830) », *Histoire Sociale Haute-Loire*, n° 11, 2020.

FABRE C., « Jérôme Labretoigne, marchand à Saugues dans la première moitié du XIXᵉ siècle », *Cahiers de la Haute-Loire*, 2020.

FABRE C., « La pluriactivité aux XVIIIᵉ et XIXᵉ siècles : de la survie à l'enrichissement en Margeride », in *Histoire Sociale Haute-Loire*, n° 12, pp.181-214. Éditions de la Flandonnière, 2021.

FABRE F., (abbé), *Notes historiques sur Saugues*, Haute-Loire, Œuvres Saint-Bénilde, 1982, réédition.

FABRE F. (abbé), *Les seigneurs de Meyronne près de Saugues (Haute-Loire), (1100-1793)*, Imprimerie typo-lithographique Gustave Mey, Le Puy-en-Velay, 1902.

FARGE (de) G., « Une famille de magistrats originaire de Salers, Mathieu Chalvet de Rochemonteix (1528-1607) », *Bulletin historique et scientifique de l'Auvergne*, 1911.

FELLER L., *Paysans et seigneurs au Moyen-Âge*, Armand Colin, 2017.

FIETTE S., *La noblesse française des Lumières à la Belle Époque*, Perrin, 1997.

FONTAINE L., *L'économie morale : pauvreté, crédit et confiance dans l'Europe pré-industrielle*, NRF essais, Gallimard, 2008.

FOURNIER G., « Lempdes Haute-Loire, Histoire et topographie », in *Almanach de Brioude*, 1989.

GOUBERT P., *Louis XIV et 20 millions de Français*, Fayard, Pluriel, 2010.

HELAS J-C., « L'emphytéose en Cévennes et en Gévaudan au XVᵉ siècle », *Annales du Midi : revue archéologique, historique et philologique de la France méridionale*, Tome 97, N° 169, 1985. Structures agraires et vie rurale. pp. 25-38 ; https://www.persee.fr/doc/anami, 0003-4398, num, 97, 169, 2069.

HELAS J-C., « Le manse en Gévaudan au milieu du XVᵉ siècle », *Annales du Midi : revue archéologique, historique et philologique de la France méridionale*, Tome 102, N° 189-190, 1990. Cadre de vie et société dans le Midi Médiéval: hommage à Charles Higounet, pp. 173-178 ; https://www.persee. fr/doc/anami,0003-4398, num.102,189, 3312.

HOCQUET J.-C., *Le sel et le pouvoir, de l'an mil à la Révolution Française*, pp. 20, 26, 287, 328, Albin Michel, 1984.

JOURDA DE VAUX G. (vicomte), *Le nobiliaire du Velay et de l'ancien diocèse du Puy*, BNF-Gallica, 1933.

KLAPISCH-ZUBER Ch., (sous la direction de) *Histoire des femmes en Occident, Tome II, Le Moyen-Âge*, Tempus, Plon, 1991.

LASTIC-SAINT-JAL (de) A., *Généalogie de la maison de Lastic*, Imprimerie Henri Oudin, Poitiers, BNF-Gallica, 1858.

LAMOIGNON DE BASVILLE N., *État du Languedoc*, pages 277-278, Source Gallica.BNF.fr / Bibliothèque Carré d'art / Nîmes. Ms.

LA SALLE DE ROCHEMAURE F. (de), *Les Troubadours cantaliens*, BNF-Gallica, 1910.

LEROY-LADURIE E., *Histoire du climat depuis l'an mil*, Flammarion, Champs Histoire, 2 tomes, 2009.

LEROY-LADURIE E.,*Trente-trois questions sur le climat, du Moyen-Âge à nos jours*, Fayard, 2007 ou collection Pluriel, 2010.

MAURICE Ph., *La famille en Gévaudan (1340-1483)*, Publications de la Sorbonne, Paris, 1998.

MATTEUDI E., *Structures familiales et développement local*, L'Harmattan, Paris, 1997.

MORICEAU J.-M., *La Bête du Gévaudan, mythe et réalités*, collection Texto-semi-poche, Taillandier, 2021.

NELLI R., *L'érotique des troubadours*, Éditions Privat, 1963.

PESEZ J.-M., *Archéologie du village et de la maison rurale au Moyen-Âge*, Lyon, 1999.

POITRINEAU A., *La vie rurale en Basse-Auvergne au XVIIIe siècle*, Clermont-Ferrant, 1965.

POUGET J. « Les Chazes », *Almanach de Brioude*, p.112 et suivantes, 1923.

ROUCHON U., *Un fondateur du journal des Débats : Jean-Baptiste Grenier*, Librairie Ancienne Honoré Champion, Paris, 1925.

SOULIER B., « Aperçu de la société rurale en Gévaudan au temps de la Bête (1764-1767) », *Histoire Sociale Haute-Loire*, p. 182, n°4, 2013.

SOTTOCASA, V. *Mémoires affrontées : Protestants et catholiques face à la Révolution dans les montagnes du Languedoc*. Nouvelle édition [en ligne]. Rennes : Presses universitaires de Rennes, 2004 (généré le 14 mars 2022). Disponible sur Internet <http://books.openedition.Org.Bnf.Idm. Oclc.org/pur/17147>. ISBN : 9782753523357.

THOMAS R., *Les châteaux de la Haute-Loire*, Watel, 1998.

TODD E., *L'origine des systèmes familiaux, Tome 1, L'Eurasie*, NRF-essais, 2011.

TOUATI, F.-O. (Sous la direction de), *Vocabulaire historique du Moyen-Âge*, Éditions de la Boutique de l'Histoire, 2000.

VINCENT J-F., « Les Béates, un tiers-ordre villageois en milieu rural », *La Margeride : la montagne et les hommes*, pp. 257-271, ouvrage collectif INRA, 1978. Paris.

ZUCHETTO G., *Terre des troubadours, XII-XIIIe siècles*, Les éditions de Paris Max Chaleil, 1996.

ZUCHETTO G., *La Troba*, Éditions Troba Vox, 2017.

Table des illustrations

Table des annexes

Remerciements

C'est avec beaucoup de plaisir et d'humilité que je remercie tous ceux et celles qui m'ont soutenue et ont contribué à améliorer ce travail.

En particulier, Manuel Perret, mon fils, qui a toujours été présent.

Anne-Marie et Jean-Marie Jud, pour leur présence depuis de nombreuses années.

Jean-René Mestre, propriétaire du *Terrier de Meyronne* daté de 1571-1573, qui a permis la découverte et la concrétisation de cette passion pour l'histoire de ma région.

Pierre-Jean Fabre, dit Pierrot, m'a aidé à me repérer dans la topographie locale, notamment dans le repérage des chemins.

Rafael Font Vaillant, rédacteur en chef du magazine *A2S-Paris*, pour ses conseils avisés sur la structuration du document.

Ceux et celles qui ont pris de leur temps à me relire : Audrey Fabre, Raymonde Prat. Jean-Pierre Turpin, pour sa lecture attentive et ses conseils documentaires avisés. Jean Richard qui m'a fait bénéficier de sa connaissance de la région et de sa vaste documentation.

Sans oublier, Valentin Pivert, graphiste, à qui j'ai confié la mise en page, l'élaboration de la couverture, et la mise en ligne.

Table des matières

Valligraph Designs

Créations graphiques

Valentin Pivert
valligraph.designs@gmail.com
@valligraph